少子化問題の社会学

赤川 学

弘文堂

少子化問題の社会学　目次

はじめに……7

第1章▼少子化問題の「言ってはいけない」……11

1　学歴下降婚と出生率　13

2　フランスやスウェーデンは、少子化克服の理想国か　19

トッドの驚き

フランス礼賛本の現在

フランス出産奨励の歴史

3　出生率の変化から見た日本の特殊性　29

4　格差社会と出生率　36

5　子育て支援は日本を救うか？　36

補論　格差は出生率を高めるか　42

第2章▼ 少子化対策はなぜ失敗するのか
――社会問題の自然史モデルから……45
1 社会問題の自然史モデル 47
2 六つのエピソード 48
2・1 エピソード1：「保育園落ちた日本死ね！」
2・2 エピソード2：「女性は子どもを二人以上産め」発言
2・3 エピソード3：一・五七ショック
2・4 エピソード4：「女性の社会進出が少子化の原因」説の否定
2・5 エピソード5：「男女共同参画は少子化を防ぐ」言説
――フェイク統計の跳梁跋扈
2・6 エピソード6：児童手当増額・子ども手当の否定
3 自然史モデルからの示唆 69
4 自然史モデルに随伴する「なぜの問い」 74
第3章▼ 誰がどんな少子化対策を支持するのか……81
1 人口減少と少子化をいかに論じるか 83

2　少子化のメリット・デメリットに関する意識の世代差と性差　91
3　少子化対策をめぐる世代間、性別間、「子の有無」間の対立？　97
4　全国調査からみる少子化対策への性差・世代差・未婚／既婚・都市規模の差　102
5　結婚支援を求める未婚男性とモテ格差社会　107

第4章▼ 社会問題の歴史社会学をめざして……115

1　構築主義における歴史研究の現在　117
2　三つの「説明」　121
3　過程追跡としての歴史分析　125
4　少子化対策の比較歴史社会学　127
5　言説の変化を説明する作法　135
6　方法論の相乗へ向けて　141

第5章▼ 構築された性から構築する性へ——ジェフリー・ウィークスの理論的変容を通して……145
1 多様性について 147
2 ふたつの構築主義 150
3 構築主義者ジェフリー・ウィークスの変容 155
4 同性婚を正当化するレトリック——保守派の取り込み 161
5 生殖（再生産）につながる性／つながらない性の平等にむけて 164
あとがき……169

はじめに

二〇一六年、『言ってはいけない——残酷すぎる真実』(橘 二〇一六)という書物が四〇万部をこえるベストセラーとなり、中央公論の新書大賞を受賞した。「往々にして、努力は遺伝に勝てない。知能や学歴、年収、犯罪等も例外でなく、美人とブスの『美貌格差』は約三六〇〇万円だ。子育てや教育はほぼ徒労に終わる。進化論、遺伝学、脳科学の最新知見から、人気作家が明かす『残酷すぎる真実』」と裏表紙には書いてあり、事実、そのような内容の知見が次々と紹介される。

もしかしたら、そこで紹介される個々の知見は、それぞれの分野の専門家やその分野に精通している読者からすると、それなりに知られた事実だったのかもしれない。この分野に疎い筆者でも、既に読んでいた書物はいくつもあった。しかしこれらの断片的な知識を適切に組み合わせて、「現代の進化論は、コンピュータなどテクノロジーの急速な発達に支えられ、分子遺伝学、脳科学、ゲーム理論、複雑系など「新しい知」と融合して、人文科学・社会科学を根底から書き換えようとしている」（橘 二〇一六：五）ストーリーとして包括的にまとめる力量には、やはり優れたものがある。だからこそ爆発的に読まれるブームとなったのだろう。人文社会系の学問がここ数十年、みようとしてこなかったタブーに鋭く切り込んだ本としても出色といえよう。

実は少子化問題もまた、「言ってはいけない」ことがてんこ盛りの分野である。少子化を国難とみなすような人たちのまえで、「少子化や人口減少にはメリットもある」と指摘するだけで白眼視されそうな気がする。仮に出生率を上げるという国家目標を共有したとしても、どの政策がどの程度、ほんとうに効果があるのかについては、実のところ議論百出、学者の間で共通見解に達していない見解も少なくない。

また少子化問題をネタに、自分たちが目標とする政策や社会づくりを実現しようと試みる人たちにとっては、「異見」は邪魔者にしかみえないこともあるだろう。かつては男女共同参画社会を実現するという立場から、「女性労働力率が高い先進国や都道府県や地域は、出生率も高い」という「事実」が喧伝されたし、待機児童の解消や保育無償化（義務化）などの「子育て支援が日本を救う」というメッセージも、近年は高い関心を集めている。

このような人たちを前に、「いや、女性労働力率と出生率の間には因果関係と呼べるようなものはないですよ。あなた方が使う数字や統計や論法を真面目に使うなら、女性労働力率が高くなると出生率は低くなる、とむしろ言わなければならなくなりますよ」などと言い出せば、総スカンを食らうことは間違いない（実際に筆者が体験した話）。

待機児童問題に悩む都会の人に、「いや、こんな都会に住んでいて子どもを産み育てるのが難しいのは当たり前ですよ。二人目、三人目を産みたいなら、そこそこ田舎で、住居費も教育費も安く、保育所の定員問題など全く問題にならない地方に住んだらいかがですか?」などといえば、激しく嫌な思いをさせてしまうに違いない。

フランスやスウェーデンの出生促進政策を激賞し、日本もそれを見習うべきだという「出羽の守」の方々に、「いや、日本には日本なりの少子化要因がありますよ。他国の政策を真似たところで、うまくいくとはかぎらないでしょう」などと言ったところで、冷笑されるのがオチであろう。

これから本書が論じようとするのは、現代の日本の言説風景に徘徊する少子化問題に関して、「言ってはいけない」とされる事実やタブーの数々である。少なくとも少子化に何らかの対策を施そうとする政治家、官僚、学者の間でさえ、あまり指摘されることのない「残酷な事実」であるに違いない。

ただし筆者は、そのような残酷な事実に打ちのめされ、悲観的になるべきだと言いたいわけではない。その逆である。現代日本の少子化問題などというものは、宇宙や地球全体の歴史からみれば、単なる歴史の一コマにすぎない。少子化が今後も続くという「残酷な事実」を受け容れたとしても、私たちがこの社会で、千代に八千代に生を営むことは完全に可能である。本書が伝えたいメッセージは、それに尽きる。少子化を「国難」や「最後のチャンス」と言挙げし、「このままだと日本はとんでもないことになるという」焦燥に満ちた未来年表に幻惑される前に、少子化という現実を受け容れ、それでも社会を構想していく前向きな作業に頭を切り替えていくべきだ、といいたいだけなのである。

◉第１章◉

少子化問題の「言ってはいけない」

1　学歴下降婚と出生率

日本の出生率が低下している要因として、①未婚者が増えていること（有配偶率の低下）と、②結婚している夫婦の子ども数の減少（有配偶出生率の低下）があることはよく知られている。人口学者・岩澤美帆氏によると、「合計特殊出生率の基準値二・〇一から二〇一二年の一・三八までの変化量は、約九〇％が初婚行動の変化（筆者注：初婚年齢の上昇と非婚者割合の増加とほぼ同じ意味をもつ）、約一〇％が夫婦の出生行動の変化で説明できる」[1]らしい。他方、②に関して、夫婦の理想子ども数や予定子ども数はここ三〇年以上大きく変化していないし、実際に生む子ども数の平均もさほど下がっていない。つまり、日本の少子化要因の約九割は、結婚した夫婦が子どもを産まなくなっているのではなく、なかなか結婚しない（できない？）人の割合が増加したことにあるのである。

それゆえ二〇〇〇年代なかばころから、少子化対策として結婚支援や結婚促進が唱えられる

1　岩澤美帆「少子化をもたらした未婚化および夫婦の変化」髙橋重郷・大渕寛編『人口減少と少子化対策――人口学ライブラリー16』原書房、二〇一五年、五三頁。

ようになった。ひところの婚活ブームや、自治体による結婚サポートや婚活イベントの開催にもそうした背景があることは、多くの人が知るところであろう。

他方、「結婚できるのにしない」のではなく、「結婚したくてもできない」男女が存在することが強調されるようになっている。たとえば若年男性の雇用が不安定であったり、低収入であったりすることが結婚難の要因になっていることが指摘され、非正規雇用や年収の低い若年男性を支援すれば、結婚に踏み切る人がもっと増え、ひいては出生率も高まるであろうと考える人は少なくない。

これに対して、前著『これが答えだ!少子化問題』(赤川 二〇一七、以降、『これ答』と略す)では、女性が自分よりも学歴や社会経済的地位が高い男性をパートナーとして選びやすい傾向、すなわちハイパガミー(=女性上昇婚)志向が変化しなければ、男女平等が進む社会にあっては、社会的に上層に属する女性と、下層に属する男性は結婚相手をみつけにくくなってしまうことを指摘した(ibid, 86)。もちろんハイパガミー志向の存在は、未婚女性だけに原因があるわけではなく、高学歴女性を結婚相手としては敬遠しがちな男性や、女性・男性の両親、上司、同僚など周囲の人びとたちの意向をも反映した、共同主観的な慣習・慣行、あえていえば「共謀」ではある。そのことは無論承知している。しかし、この社会において、結婚のプロポーズが男女どちらかからなされ、最終的に受け入れるのはどちらかの性であるかを少し考えれば、結婚相手を選ぶ「権利」を有しているのは圧倒的に女性であるといって間違いはないだろう。まさか現代日本において女性が、自らの意に沿わぬ男性や暴力的な男性と強制的に結婚させられている、というわけではあるまい。とすれば、学歴や社会経済的地位の高い女性が、自分よりも低い男性を選ぶ傾向（女性下降婚、ハイポガミー）が増えなければ、結婚数はいまより増えず、よって出生率も上がらない可能性がある。

では現実の日本では、ハイポガミー傾向はどの程度進展しているのだろうか。また、他国と比べて、どの程度多い（少ない）といえるのだろうか。

この種の国際比較を行うためのデータとしては、欧米を中心とする四八ヶ国の専門機関が共同実施しているＩＳＳＰ（The International Social Survey Programme、国際社会調査プログラム）がもっとも包括的である。このうち二〇一二版調査は、「家族とジェンダー役割の変化」が全体テーマとなっており、「先進国」とされる国々と日本を、共通の尺度に基づいて比較するためには格好の素材となっている。

データ操作の詳細は注をご覧いただくとして、[2] まずは各国の下降婚率の割合を調べてみよう（表1.1）。日本は約一六・三％である。もし本人学歴と配偶者の学歴に何の関連性もないのな

表1.1　ISSP対象国における合計特殊出生率と下降婚率［筆者作成］

国名	合計特殊出生率（2013）	下降婚率
32 AR-Argentina	2.335	0.292911
36 AU-Australia	1.859	0.284593
40 AT-Austria	1.44	
56 BE-Belgium	1.75	
100 BG-Bulgaria	1.48	
124 CA-Canada	1.61	0.339213
152 CL-Chile	1.774	
156 CN-China	1.555	0.162659
158 TW-Taiwan	1.07	0.176421
191 HR-Croatia	1.46	0.354232
203 CZ-Czech Republic	1.46	0.224573
208 DK-Denmark	1.67	0.269231
246 FI-Finland	1.75	0.347775
250 FR-France	1.99	0.306087
276 DE-Germany	1.39	
348 HU-Hungary	1.35	
352 IS-Iceland	1.93	0.309582
356 IN-India	2.465	0.330626
372 IE-Ireland	1.96	
376 IL-Israel	3.03	
392 JP-Japan	1.43	0.162733
410 KR-Korea (South)	1.187	0.081731
428 LV-Latvia	1.52	
440 LT-Lithuania	1.59	0.332815
484 MX-Mexico	2.272	0.253447
528 NL-Netherlands	1.68	
578 NO-Norway	1.78	
608 PH-Philippines	3.011	
616 PL-Poland	1.29	0.380117
620 PT-Portugal	1.21	
643 RU-Russia	1.7	
703 SK-Slovakia	1.34	0.191837
705 SI-Slovenia	1.55	0.309456
710 ZA-South Africa	2.387	
724 ES-Spain	1.27	0.293958
752 SE-Sweden	1.89	0.37037
756 CH-Switzerland	1.52	0.160227
792 TR-Turkey	2.087	0.097061
826 GB-Great Britain and/or	1.83	
840 US-United States	1.858	0.256897
862 VE-Venezuela	2.391	0.452055
		0.370372

らば、上昇婚率／同類婚率／下降婚率はおおむね三三％になると考えられる。下降婚率が二〇％を下回るような社会は、やはり下降婚が少ない社会とみるべきであろう。具体的にはトルコ（九・七％）、韓国（八・一％）、スイス（一六・〇％）、チャイナ（一六・三％）、台湾（一七・六％）、スロバキア（一九・一％）などがこれに該当する。日本の下降婚率も、決して高いとはいえない。

逆に、下降婚が三分の一を大きく上回るような社会は、上昇婚や同類婚が少ないといえる。これに該当するのはベネズエラ（四五・二％）、ポーランド（三八・〇％）、スウェーデン（三七・〇％）、クロアチア（三五・四％）、フィンランド（三四・八％）、リトアニア（三三・三％）、インド（三三・一％）、などである。ちなみにフランスも三〇・六％とかなり高い。ちなみに二五ヶ国で二〇一三年の出生率と下降婚率の関連性の強さを示す相関係数をみると〇・三七〇

2　二〇一二年のＩＳＳＰでは、国別での比較が可能になるように、個人の最終学歴を「0 公教育なし／1 初等教育（日本では小学校、以下同様）／2 中等教育・下（中学校）／3 中等教育・上（高校）／4 中等教育・後（専門学校）／5 高等教育・下（大学）／6 高等教育・上（大学院修士以上）」の六カテゴリーに分類している。また調査対象となっている全四一ヶ国のうち、配偶者学歴が判明しているのは二五ヶ国である。ここで本人と配偶者の学歴が一致している場合「同類婚」と定義し、男性の学歴が女性の学歴を上回る場合「上昇婚」、男性の学歴が女性の学歴を下回る場合「下降婚」と定義する。以上三つの婚姻形態の中で、下降婚が占める割合を下降婚率と呼ぶことにする。

であり、中程度の正の相関がある。つまり下降婚の少ない国は、出生率が低いという傾向が確認できるわけである。

もっとも、この種の国際比較は、国の選び方次第でどんな結論でも導くことができるので、数字をあまり真剣に取り扱う必要はない。その種の相関関係はあくまで二つの変数の関連性を示すのみであり、どのような因果のメカニズムによって、そうした関連が生まれてきたのかまでは特定されないからだ。とはいえ、日本の少子化対策を論じる際にも、少子化を「克服」した先進国として、しばしば理想化されるスウェーデンやフランスでも、下降婚率がかなり高いという事実は、これまでまったく指摘されることがなかった。

このことは、少子化問題を考える際にも重要な意味をもちうる。

筆者は『これ答』において、下降婚の少なさには、女性が自分の子孫を残すための包括適応度を高める進化的基盤がある可能性を示唆した（赤川 二〇一七、九〇頁）。しかし下降婚を増やした社会、すなわち結婚する男性と女性の学歴が無関連になるような社会は、進化論的基盤さえ打ち破って、少子化を克服する可能性があるということである。少なくとも少子化を克服した国としてスウェーデンやフランスを称揚したいのならば、子育支援の充実ぶり以上に、下降婚の高さという事実にこそ着目すべきであろう。

2　フランスやスウェーデンは、少子化克服の理想国か

トッドの驚き

二〇一六年一一月六日（日）、ＮＨＫのＢＳ１の番組「混迷の世界を読み解く」に歴史人口学・家族人類学者のエマニュエル・トッドが出演した。一九九〇年代には家族の構造が政治や思想の形態を決めるという画期的な理論を提唱し、近年は、旧ソビエト連邦の崩壊やアメリカの没落、文明の衝突ならぬ文明の収斂を予測して、世界情勢に関して該博なフランス知識人として、日本でも有名になっている。そんなトッドがいよいよ日本、しかもその少子化問題について論じるというので、筆者も興味津々拝聴することにしたわけである。

番組冒頭、トッドは新宿区の淀橋第三小学校を訪れる。ここはＪＲ新宿駅のすぐ西という都心といってよい地域にもかかわらず、子どもの少なさから廃校となった小学校である。がらんとした小学校の跡地を見学したトッドは、驚きの表情を隠せない。「フランスでも、生徒が減り、廃校になることはあります。でもそれは地方でのこと。パリではありえない。逆に子どもが多すぎるくらいです。東京で廃校というのは……深刻な事態だと思います」と絶句してし

まう。

地方で過疎化や人口減少が進むというのは、私たち日本人にとっても目に親しんだ事実であろう。しかし人口が密集する都市部では、過疎化が進む農村部と比べても出生率が低いという事実もまた、よく知られている。実際に新宿区の出生率は平成二七（二〇一五）年で一・〇二、二三区全体でも一・二二と極めて低い。

しかしトッドは、日本で出生率が低い理由を家族システム、特に家という存在を第一に考え、大切にする直系家族のしくみに求めている。このような、跡継ぎである長男を重視する伝統的価値観は、「今の東京では減ってきたと思いますが、実はまだまだ日本の価値観を深いところで規定して」おり、それが女性の社会参加を阻み、会社至上主義を生み出し、少子化につながっているというのである。

しかしこの発言、少し考えてみると、はてなマークが浮かんでくる。トッド自身も認めている通り、今の東京では直系家族を重視する考え方は減ってきている。逆に過疎化や人口減少に苦しむ農村部においてこそ、直系家族のシステム（具体的には三世代同居など）が濃厚に残存しているであろう。トッドの説明が正しいならば、直系家族からもっとも離脱した都心部のほうで出生率が高くならなければおかしい。しかし、事態はその逆である。トッドの説明はいっけんもっともらしいが、なぜ直系家族の要素を色濃く残す農村部のほうが都市部より出生率が高いのかを説明できないのである。

それよりも筆者が注目したいのは、トッドが、パリでは子どもが多すぎるくらいだと述べていることである。たしかにこれは正しい。パリを含むイル・ド・フランス地区の出生率は二〇一五年で二・〇一。同年のフランス全体の出生率は一・九六だから、パリの出生率は周辺の地域に比べて高いか、少なくとも同程度といえるのである。[3] このように「パリの子沢山」というトッドの常識からすれば、都心のど真ん中で子どもが少なく廃校が生じてしまう日本の現状は、驚きでしかなかっただろう。

しかし、都市部が農村部よりも出生率が高い国というのは、そうそうお目にかかれるものではない。筆者の見立てでは、パリ以外では、ロンドンやストックホルムくらいである（赤川二〇一七、一一八頁）。それ以外の大多数の国は、日本、韓国、チャイナ、台湾、香港、シンガポールなどの東アジア諸国を含めて、都市部の出生率は、農村部のそれより遥かに低いと思われる。これは基本的には、都市が農村部から人口を引き寄せながらも、種々の要因によって出

3 http://appsso.eurostat.ec.europa.eu/nui/show.do?dataset=demo_r_frate3&lang=en

生率を引き下げ、（ところによっては死亡率を上昇させもする）人口の「蟻地獄」（速水融の用語）であるからであり、もちろん日本もその例外ではない。

これに対して、パリ、ストックホルム、ロンドンなどの大都市は移民や外国人労働者の比率が高い国際都市であるから、移民の出生率が高いことがその原因と考える人もいるにちがいない。しかし移民の出生率が全体の出生率に与える影響はさほど高いものではない（筆者の推計では、スウェーデンで〇・一程度の上昇）。それに、移民・難民や外国人労働者が多い都市はこの三つに限られない。パリやストックホルムの出生率が、その国内の農村部に比べて低くない理由は、移民や外国人労働者という要因を抜きにして考慮する必要があるだろう。

フランス礼賛本の現在

さて日本で少子化対策を高唱する論者たちはしばしば、出生率が欧米では比較的高位を維持するフランスや、スウェーデン、ノルウェーなどの北欧諸国を模範とみなし、フランスやスウェーデンの少子化対策を模倣すれば、日本でも少子化傾向に歯止めがかかると論じる傾向が強い。

少子化対策先進国としてフランスを高唱する「フランス礼賛本」のうち、近年では評価の高いのが、在仏ライターである高橋順子氏が書いた『フランスはどう少子化を克服したか』(二〇一六) であろう。パリでの出産・子育て生活に基いて書かれた本書には、たしかにフランスにおける、バラエティあふれる子育て支援がてんこ盛りになっている。順不同にあげると、満三歳からの保育学校 (実質的には保育園義務化)、一四日間におよぶ男の産休、最長二年の育児休暇、無痛分娩の一般化、連絡帳も運動会も保護者会も卒園式も、おむつのもちかえりもない保育園、三歳未満で保育園に入所できなかった場合の「母親アシスタント」(乳母、子守、ベビーシッターの進化形)、共同ベビーシッターや民間企業保育の充実などである。これらの子育て支援のリストをもとに、「これだけのサポートがあれば、そりゃあ、産める・育てられる気になる……出生率も上がるわけだ! フランスは今も現在進行形で、少子化を克服し続けているのです」(同書、一頁) と述べられることになる。

まさにフランス礼賛本として読み取られて不思議ではない、……ようにみえる。

しかし筆者にとってより興味深かったのは、高橋氏自身が、フランスと日本とでは、保育事情や保育に対する考え方が根本から違うことを認めた上で、議論を展開していることである。なかでも以下のような点は、フランスと日本とでの大きな違いであるように思われる。

・乳幼児が社内に放置されたり、公園で一人でいると、すぐ警察に通報され、虐待を疑われる。つまり親の育児能力に対する期待が低い（ゆえに公的支援が充実する）こと。（一三頁）

・フランスはカップル社会で、友人との食事会やレジャーに行くのもカップル単位。（一九頁）

・子育ての当事者でない人には、今の子持ちは優遇されて良いね、という気持ちは当然ある。不妊に悩む女性が「子供がいる人はいいわよね！」と独り言を呟くとき、周囲はそっとしておく。なぜなら「今のフランスではある年齢以上のカップルが子どもを持つのは自然な流れになっていて、子供を持たないカップルの多くは『できないから』。その苦しさがああいう態度にさせると、みんなわかっているから」。（三一頁）

・男性の育休取得率はたったの二％。そのため夫婦二人で育休取得すると、一年長く取れるような政策的誘導がなされている。（四七-五〇頁）

・母親アシスタントは「子守の認可制度」という意味合いをもつが、歴史的背景として子持ちの母親が自宅で安定収入を得るために選ぶ職（筆者注：外国人や低所得世帯も少なくないということであろう）。しかしフランスでは家政婦や子守を雇うことはもっと一般的で、保育所に入れなくても、母親アシスタントに頼める、という選択肢がある。

これらのうち、日本とあまり変わらないのは、男性の育児休暇取得率の低さであろう。これは端的にいって、夫婦どちらが育児休暇を取るかによって、その期間中の世帯収入がどう変化するかという問題と強く関わっている（が、高橋氏はその点には言及していない）。妻のほうが夫よりも収入の高い職業に就いているケースが多いならば、おそらく夫の育休取得はもっと多いはずであろう。そうなっていないということは、フランスにおいてすら、女性は自分よりも社会経済的地位の高い男性をパートナーとして選ぶ傾向（女性上昇婚、ハイパガミー）が存在していることを示唆するのではなかろうか。

保育環境のうち、保育所に入れなかった子ども、つまり日本風にいうなら待機児童に対して、家政婦や子守（の認可形態としての母親アシスタント）に預けることにさほど抵抗がないという点は、欧米と東アジアの保育環境を考える点ではかなり大きな違いと思われる。特に日本の場合、近代化・産業化に伴って、家事・育児が、家族外の他人ではなく、家族内の夫婦、特に専業女性に任されるようになっていったという歴史的背景がある。母親が外で働いている間に、他人であるベビーシッターを家に入れることや、保育所よりも一対一の関係になりやすい母親アシスタントに預けることに抵抗を感じる女性は、日本では少なくないはずである。もちろん保育所に預けること自体にそこまでの葛藤を感じる女性は、現代では減ってきているかもしれない。しかし、子どもを保育所に預ける際に、少しでも評判のよい保育所に預けるために、涙ぐましいまでの努力を惜しまない母親たちの姿を一度でも目にしたことがあるならば、母親が自分の家族以外の人に保育を任せることに対して現在でも抱えている心理的葛藤の強さを実感することができるのではなかろうか。

フランス出産奨励の歴史

さらに見逃せないのは、フランスは、友人との食事会やレジャーに行くのもカップル単位の社会であるということ、さらには、「ある年齢以上のカップルが子どもを持つのは自然な流れになっていて、子供を持たないカップルの多くは『できないから』」とみなされているという事実である。高橋氏のインタビューに答えたフランス人が正しいとすれば、子どもがいないのは「できないから」であって、（子どもを）「もたない」という自発的選択をカップルが行った可能性は、はじめから想定されていない。フランスはしばしば婚外子に対する差別が少なく、それが高い出生率の一因になっているといわれる。しかしそれ以上に、カップルで生活し、子どもを産むことが「自然な流れ」、すなわち社会規範になっている社会だといえよう。この事実の背景には、やはり一九世紀末以降、一〇〇年以上におよぶフランスの出産奨励運動の影響を考慮に入れざるをえないであろう。

河合務『フランスの出産奨励運動と教育』（二〇一五）によれば、統計学者で人口減退に関心が深かったジャック・ペルティヨンらを中心に、一八九六年に「フランス人口増加のための国民連合」という団体が結成されている（現在は改称して「人口と未来国民連合」、以降河合氏に従い「フランス人口増加連合」と略記）。この民間団体は、「人口減退がフランス国民に与える危険について、そして出生率の上昇のため税制その他の適切な方法について、あらゆる人々の注意を喚起する」ことを目的としていた。この団体の強い影響のもとに、家族手当や多子家庭優遇税制を中心とした少子化対策が実施される。さらに人口問題教育を初等・中等教育における義務と定める「人口問題教育」規定は、一九三九年の家族法典一四二条、一九五六年の「家族及び社会扶助法典」三八条を経由して、現行の教育法典（日本の教育基本法にあたる）L・三一二－四条における「人口問題教育」規定（二〇〇〇年制定）にまで引き継がれている。つまりフランスの小中学生は、義務教育のうちから、人口減少や低出生率を克服すべき国家的課題として刷り込まれているのである。

河合によれば、フランス人口増加連合は、当初は産児制限を是とするマルサス主義を論敵とし、避妊・売春・堕胎・ポルノグラフィなどの「性的不道徳」の克服を目指し、在宅母手当など専業主婦女性のあり方を望ましいものとみなしていた。しかし一九六七年のニュヴィルト法によって避妊（産児調節）が公認されることで（新）マルサス主義との曖昧な妥協が図られ、一九九〇年代以降、出産・育児休暇など「仕事と家庭の両立」「保育サービス」の充実を強調するワーク・ライフ・バランス派との間で、いままた妥協を図っているように見受けられる。というのも一九九六年のアピール記事「ＳＯＳ、若者よ！　フランスが低出生率で自滅しないために」では、二つの原則が強調されているからである。第一に、出生率に関する強制的な政策は取られるべきではなく、出生率上昇は「子どもをもちたい」という欲望に基づくことが宣言されている。そして第二に、その欲望の実現を可能にする私生活や職業生活の条件にかかっている、とされている（河合 二〇一五、一六四頁）。出産奨励や人口政策は、個人の自由を制約するものではなく、「子どもを持ちたい」という希望を達成するために、それを阻害する私生活・職業生活上の要因を取り除くという方針がとられているのである。これは、現代の出産奨励運動を正当化するために用いられる、最大公約数的な言説のパタンとよんで差し支えない（日本の少子化対策でも、この種の言説は容易に確認することができる）。少なくともフランスという国家が、人口増加教育を現在の義務教育でも広範に行なっており、人々が子どもを産むことを「自然」と考えるような社会規範を強化し続けてきたことは間違いない。おそらくそれは、歴史的にみて、単身で生を営むことをそれほど問題視しなかった日本、さらに産児制限・家族計画に基づく「少子化」を、政府が想定する以上に生真面目に実践し続けてきた戦後日本人と比べれば、フランスは、子どもを産むことを求める暗黙のプレッシャーが相当強烈な社会であると考えたほうがよいだろう。これはもう、「お国柄」の違いを表す大きな歴史的・文化的差異であるように、筆者には思われてならない。

3　出生率の変化から見た日本の特殊性

「お国柄」という観点から、出生率に関する日本の特殊性を示す論考がさらに存在する。自然科学の一流雑誌『ネイチャー』に掲載された人口学者たちの論文である（Myrskylä, Kohler, Billari 2009）。

この論文は、国連開発計画で用いられている人間開発指数（Human Developmnet Index, HDI）と国別出生率の、一九七五年から二〇〇五年にかけての変化を論じたものである。ＨＤＩは健康、生活水準、人的資本などの要素を指標化したもので、〇から一の範囲を取る。ＨＤＩが約〇・九のとき、平均寿命七五歳、一人あたりＧＤＰが二・五万ドル（二〇〇〇年の購買力平価）、教育指数〇・九五（識字率と中高高等教育進学率）に相当する。広い意味で、当該社会の発展度合を表す指標といってよいであろう。

図1.1をみると、一九七五年の段階ではＨＤＩが高いほど出生率が低いという直線的な関連が明確にみられている（一四〇ヶ国）。これが二〇〇五年になると、ＨＤＩが〇・九に至るまでは、ＨＤＩと出生率の負の相関に変化はないが、ＨＤＩが〇・九をこえるとこの関係が逆転し、ＨＤＩが高くなると出生率が高くなる（一〇五ヶ国）。つまり二〇〇五年のグラフの近似曲線は、一九七五年のような右肩下がりの直線ではなく、Ｊ字型を描くようになるという。

図1.2のように、二〇〇五年のＨＤＩが〇・九以上をこえる二四ヶ国を取り出し、一九七五年からの変化率をみてみると、ＨＤＩと出生率がともに上昇した国（第一象限の一八ヶ国、ノルウェー、オランダ、米国、デンマーク、ドイツ、スペイン、ベルギー、ルクセンブルグ、フィンランド、イスラエル、イタリア、スウェーデン、フランス、アイスランド、英国、ニュージーランド、ギリシア、アイルランド）と、ＨＤＩが上昇したにも関わらず出生率が下がった六ヶ国（日本、韓国、カナダ、スイス、オーストリア、オーストラリア）に分類できるという。つまり欧米の大抵

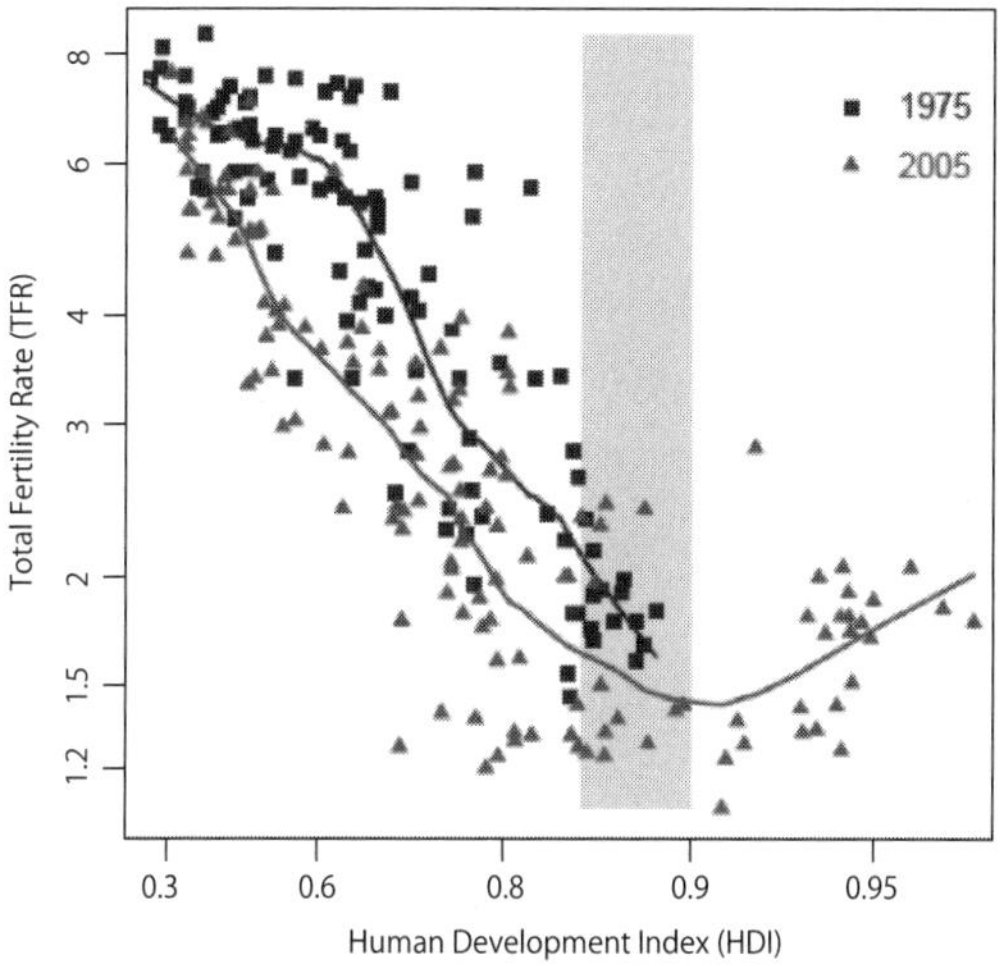

図1.1　HDIと出生率（Myrskyä, Kohler, Billari, 2009）

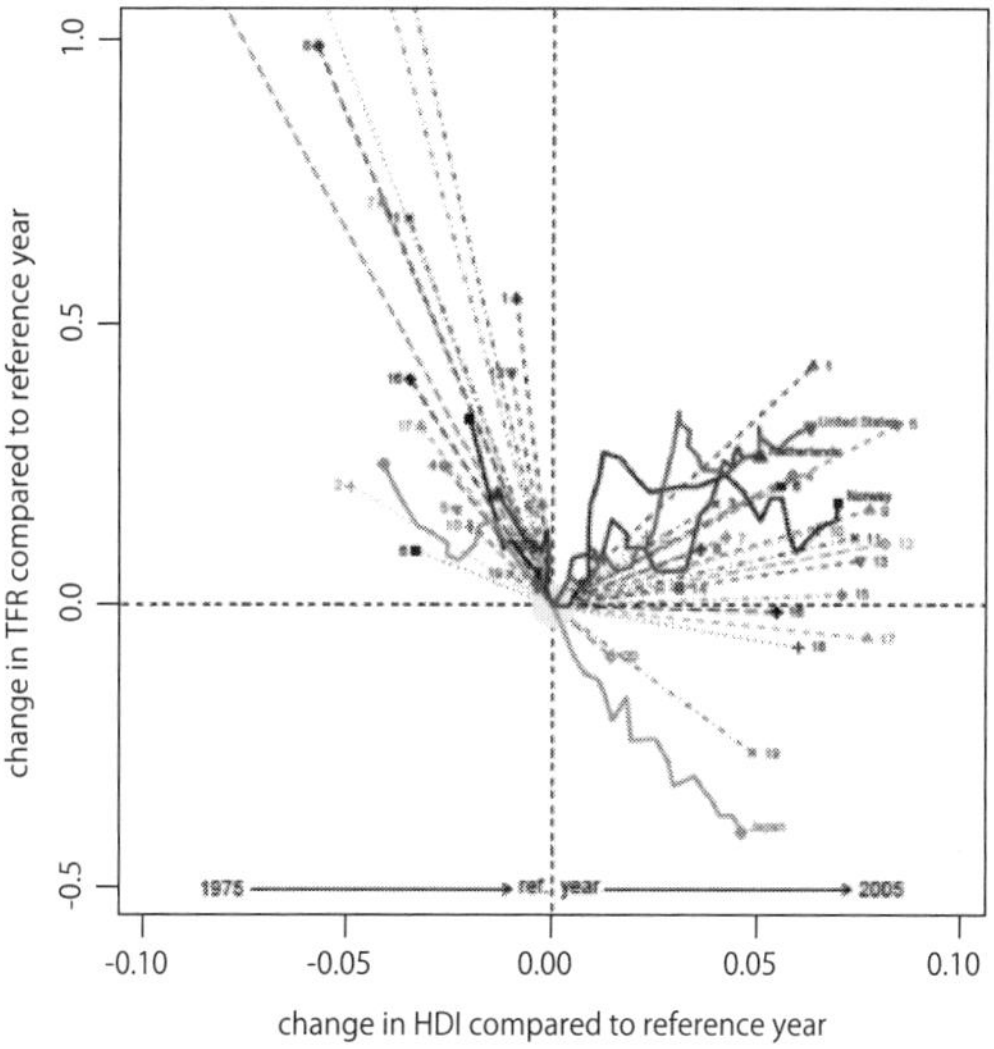

図1.2　HDIの変化と出生率の変化（同上）

の国は、社会発展が一定の度合に達すると出生率も高くなるが、それに該当しない幾つかの例外国があるというのである。日本、カナダ、韓国はその傾向がはっきり現れている国ということになる。

ここで取り上げられている国が、（イスラエルを除けば）ＯＥＣＤに加盟する、いわゆる「先進国クラブ」に限定されている点には注意が必要である。しかし、ＨＤＩと出生率の関係の時系列的変化にも、「お国柄」というべき国ごとの特徴が現れているという事実はやはり興味深い。ただしこの著者たちは、日本の人口学者の論文を引用した上で、「ワーク・ファミリー・バランスや男女共同参画を促進する制度発展の困難さを解決できないことが、ＨＤＩと出生率の負の関係という特徴を持つアジア国（筆者注：日本と韓国のこと）の例外的パタンを説明できるかもしれない」と論じている（ibid, 742-743）。たしかに日本は、ＨＤＩの発展系であるジェンダーエンパワーメント指数（Gender Empowerment Index, GEM）に関していえば、二〇〇五年で八〇ヶ国中四三位。先進国の中では決して高いとはいえない。[4] しかし同じ指標ならカナダは一〇位である。ＧＥＭのような指標のみに基いて、ＨＤＩと出生率が負の相関をもつ「例外国」の特殊性を首尾一貫して説明できるとは到底思えない。

では、なにゆえに日本のような社会で、社会発展、すなわち広義の豊かさと出生率が逆相関してしまうのであろうか。事後的かつ手前味噌な説明になって恐縮だが、小生が『これ答』でも論じたように、生活水準と生活期待水準の関係が一種独特の関係を有しているからだと考えることはできないだろうか。

『これ答』では、社会学の巨人・高田保馬がおよそ一〇〇年前に提出した少子化論の概要を紹介した。手短にその要点を述べると、高田は「貧富と出生率」という論文の中で、少子化が進むかどうかは、実際の豊かさを示す言葉として現在の私たちが使う生活水準（当時の言葉では「福利」とか「経済的資力」）と、生活水準に対する人々の期待や欲望を意味する生活期待水準（高田の用語では「生活標準」）との関係によって決まるという。生活期待水準は、「自己の優勝と此の優勝の誇示とを欲する慾望」、すなわち「力の慾望」が更新するに応じて高まっていく。力の欲望には、①自己の栄達向上を図ろうとして、その努力の障碍となる産児数を制限すること、②産児をなるべく高い社会的地位につかせようとして産児数を制限する、という二つの側面がある。主として豊かな知識階級がこの力の欲望にとらわれることによって、出生制限を行い、少子化が進んでいくと、高田はいう。

4 http://aerowm.org/gender/rank_gender.htm

高田は社会を、最上層、上層、中層、下層の四つに分けて議論する。社会で最も豊かな最上層では、生活水準は生活期待水準を常に上回っているので、出生制限は起きない。つまり、何人産んでも、そのことによって貧乏になることはないので、多子を産んでも平気である（＝金持ちの子だくさん）。これに対して社会の下層では、もともと生活期待水準が高くないので（高まらないので）、出生制限は起きない（＝貧乏人の子だくさん）。これに対して社会の上層と中層とでは、実際の生活水準以上に生活期待水準が高まるので、出生制限が行われ、子ども数が減るというのである（上層、中層、下層の三層で議論しても、結論は同じ）。

高田はこのように、力の欲望がもたらす生活期待水準の、実際の生活水準以上の上昇こそが少子化の根幹にあるメカニズムだと捉えていた。このような議論を現代に探すとすると、たとえば人々の幸福度に関する「イースタリン・パラドクス」が該当するかもしれない。この議論によると、国民の幸福度（国民のうち自分を幸福だと思う人の割合）は、国の豊かさを表す一人あたりのGDPが一定の水準に達するまでは経済成長に比例するが、いったんその水準をこえると、豊かさと幸福度は相関しなくなるというものである（Easterlin, 1974）[5]。

おそらくこのメカニズムの背景には、豊かさの一定段階に到達した社会では幸福に対する期待水準が、高まらざるをえない、という背景があるように思われるが、高田の議論は、こうした現代的議論を一〇〇年も前に先取りしていたようにさえ思われるのだ。

そして高田の説明は、先に示した人間開発指数（ＨＤＩ）と合計特殊出生率（ＴＦＲ）に関する議論にとっても示唆的なのではないかと思われる。つまり、ＨＤＩが一定の水準に達するまではＴＦＲは下がり続けるが、その水準をこえたときにＴＦＲが下がり続ける国では、生活期待水準が高まり続けるがゆえに、「今の状況で子どもを産み育てるのは難しい」という判断につながって、産み控えが生じているようにさえ思われるのである。

とりわけ日本の少子化対策は、このあとの数章でも確認するように、仕事と子育ての両立支援、ワーク・ライフ・バランス、長時間労働の抑制などの働き方改革といったように、社会福祉的な対策に終始してきた。もちろん他国でも同様に社会福祉的な子育て支援策は行われているのだが、なぜか日本では、福祉的な少子化対策が、結婚すること、子どもを産み育てることへの期待水準を高めるばかりで、結果的に子どもを増やすことにはつながっていないように思われるのだ。

5　Easterlin (1974). "Does Economic Growth Improve the Human Lot? Some Empirical Evidence". In Paul A. David; Melvin W. Reder. Nations and Households in Economic Growth: Essays in Honor of Moses Abramovitz. New York: Academic Press, Inc.

4　格差社会と出生率

さらに二節で紹介したＩＳＳＰで対象となっている四八ヶ国のうち、二〇一三年以前のジニ係数（社会の所得格差を表す指標。一に近いほど格差が大きい）が判明する国の出生率とジニ係数の相関係数をみると、〇・四一九とそれなりに強い正の相関がある。ジニ係数と出生率がともに高い国は南アフリカ（ジニ係数六三・一、出生率二・三九、以下同順）、メキシコ（四八・三、二・二七）、アルゼンチン（四五・八、二・三四）、アメリカ合衆国（四五・〇、一・八六）、フィリピン（四四・八、三・〇一）など、アメリカを除けば発展途上国が中心である。わずか数十カ国の比較であり、また時系列の分析（パネルデータ分析）を行っているわけでもないので、所得格差と出生率の間に因果関係があるとまではいわないが、それなりに高い相関関係については、やはり一定の解釈が必要となるはずである（補論も参照のこと）。

5　子育て支援は日本を救うか？

さて近年の少子化問題をめぐる言説の風景のなかに爽やかな風を吹き込んだのは、「子育て

表1.2　ISSP対象国の出生率、下降婚率、ジニ係数 [筆者作成]

国	出生率（2013）	下降婚率	ジニ係数（%）	（年度）
710 ZA-South Africa	2.39		63.1	2005
152 CL-Chile	1.77		52.1	2009
484 MX-Mexico	2.27	0.253	48.3	2008
156 CN-China	1.56	0.163	47.3	2013
32 AR-Argentina	2.34	0.293	45.8	2009
100 BG-Bulgaria	1.48		45.3	2007
840 US-United States	1.86	0.257	45.0	2007
608 PH-Philippines	3.01		44.8	2009
643 RU-Russia	1.70		42.0	2012
792 TR-Turkey	2.09	0.097	40.2	2010
862 VE-Venezuela	2.39	0.452	39.0	2011
620 PT-Portugal	1.21		38.5	2007
392 JP-Japan	1.43	0.163	37.9	2011
376 IL-Israel	3.03		37.6	2012
356 IN-India	2.47	0.331	36.8	2004
440 LT-Lithuania	1.59	0.333	35.5	2009
428 LV-Latvia	1.52		35.2	2010
158 TW-Taiwan	1.07	0.176	34.2	2011
616 PL-Poland	1.29	0.380	34.1	2009
372 IE-Ireland	1.96		33.9	2010
826 GB-Great Britain	1.83		32.3	2012
124 CA-Canada	1.61	0.339	32.1	2005
191 HR-Croatia	1.46	0.354	32.0	2010
724 ES-Spain	1.27	0.294	32.0	2005
410 KR-Korea (South)	1.19	0.082	31.1	2011
528 NL-Netherlands	1.68		30.9	2007
250 FR-France	1.99	0.306	30.6	2011
36 AU-Australia	1.86	0.285	30.3	2008
756 CH-Switzerland	1.52	0.160	28.7	2012
56 BE-Belgium	1.75		28.0	2005
352 IS-Iceland	1.93	0.310	28.0	2006
276 DE-Germany	1.39		27.0	2006
246 FI-Finland	1.75	0.348	26.8	2008
40 AT-Austria	1.44		26.3	2007
703 SK-Slovakia	1.34	0.192	26.0	2005
578 NO-Norway	1.78		25.0	2008
203 CZ-Czech Republic	1.46	0.225	24.9	2012
208 DK-Denmark	1.67	0.269	24.8	2011
348 HU-Hungary	1.35		24.7	2009
705 SI-Slovenia	1.55	0.309	23.7	2012
752 SE-Sweden	1.89	0.370	23.0	2005

支援が日本を救う」という、強力なメッセージである。京都大学准教授の柴田悠氏が二〇一六年に刊行した同名の書籍は、詳細な統計資料を用いた専門書でありながら、一般の人にもよく読まれ、日経新聞などのマスメディアや政策担当者にとっては無視できない一冊となっている。

本書の特に優れているところは、二〇〇九年までにOECDに加盟した三〇ヶ国のうち、チェコとスロヴァキアを除く二八ヶ国の、一九八〇年から二〇〇九年にかけての国際比較時系列データ（国レベルのパネルデータ）を用いて、「政策が実施されてから〇～二年後に社会に与える影響」、すなわち短期的な政策効果について分析していることである。対象国が先進国に偏りすぎているのではないか、一国内でさえ多様な地域的分散を示す変数（たとえば出生率）を国単位で集計して比較することに大きな意味があるのか、この分析で効果の有無だけでなく、その大きさまでは検証できないのではないかといった疑念はある（『これ答』でも詳細に論じた）。しかしある変数（たとえばX年の女性労働力率）と別の変数（たとえばX+1年後の出生率）の時間的順序関係を違えずに分析できるという点は、パネルデータを分析していることのメリットであろう。特に出生率に与える影響を包括的に分析した第六章ならびに表6-1（一五七頁）は、本書にとっても重要な示唆を与えるものである。

第一に、対労働力人口に占める女性労働力率（前年）はすべてのモデル（モデル三～一〇）

で有意に負となっており[6]、「女性労働力率が上がると、翌年の出生率が下がる」という傾向がみられるという（柴田二〇一六：一五八）。おそらくＯＥＣＤだけでなく、全世界で同じような集計を行えば、この傾向はより明確に確認できるはずであるが、筆者がここ一〇数年間述べてきたように、女性労働力率の上昇が出生率を高める効果をもたないことは、先進国間の分析においてさえ明確に認められるようになったと思われる。それだけでも、本書の価値は高い。

第二に、子育て支援支出を児童手当（前年）、産休育休（前年）、保育サービスに分けたうえで、前二者がすべてのモデルで非有意、他方、保育サービスは全てのモデルで有意に正となっている。ここから柴田氏は、「児童手当支出が増えると、翌年の出生率が上がる」「産休育休支出が増えると、翌年の出生率が上がる」という傾向は見られないが、「保育サービス支出が増えると、翌年の出生率が上がる」傾向はみられると述べ、さらに「一般的に先進諸国の親たちは、仕事と子育ての両立（のための保育サービス）を求めているのであって、家計の一時

6　ここで、なぜ単純に一定年齢内の女性人口に占める、働いている女性の比率（女性労働力率）ではなく、労働力人口にしめる女性労働力率という、素直でない指標を用いているのかは不明である。ＯＥＣＤ統計がその指標を利用しているという以外の理由はないかもしれない。ただしアール・キンモンスが指摘するように、日本のように男性の労働力率が高い社会ではこの数値は低めにでる。世界経済フォーラムが毎年公表するジェンダーギャップ指数でもこの指標が使われており、それゆえ日本の順位は不当に低くなる。こうしたカラクリにも注意が必要である（キンモンス二〇一七、一二七頁）。

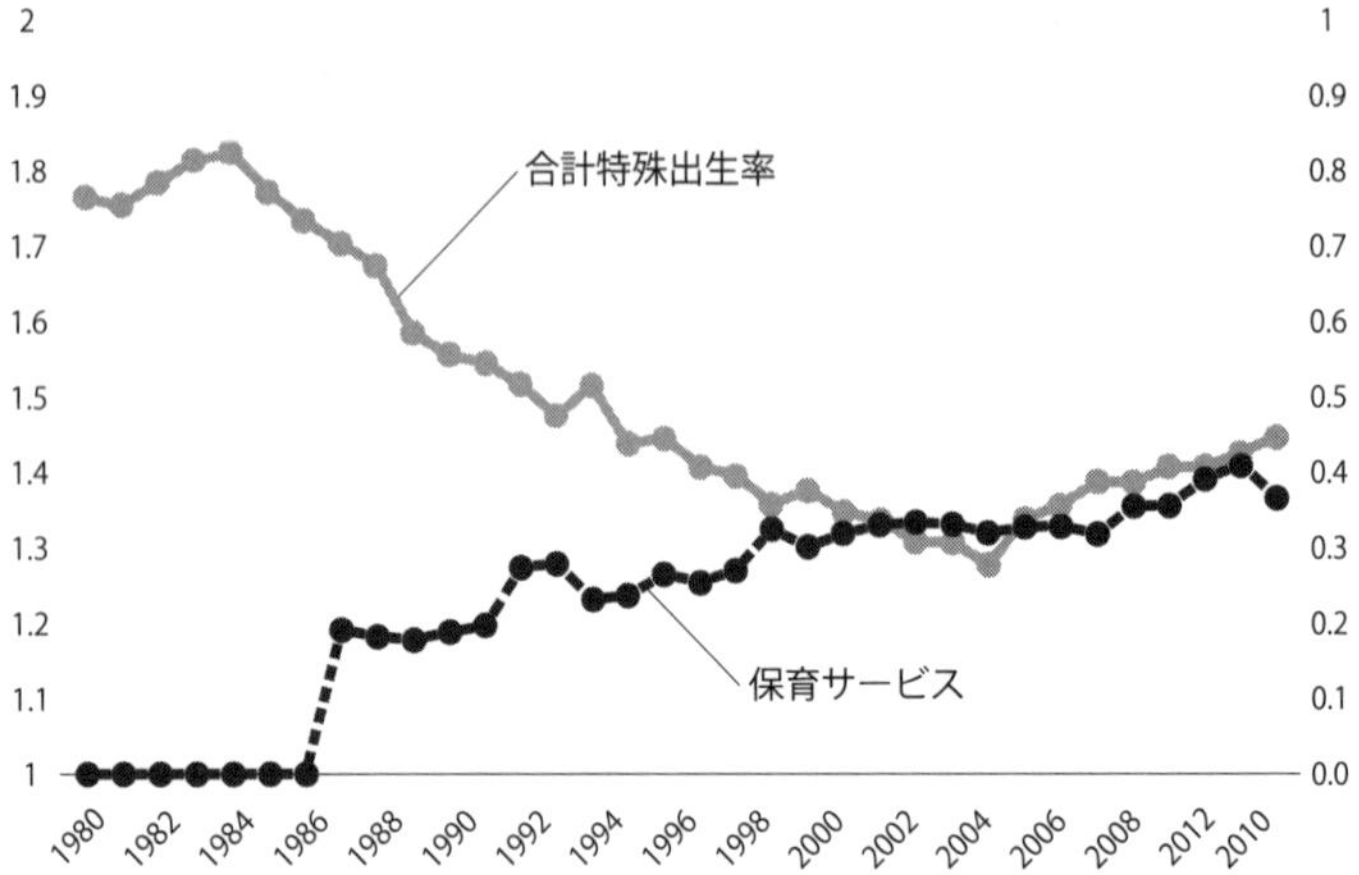

図1.3　保育サービスへの公的支出（対GDP比）と合計特殊出生率
（日本：1980-2013年）［筆者作成］

的な補助（児童手当）や仕事を長期的に中断すること（産休育休）は、必ずしも出生行動を促すわけではない」と解釈している（柴田二〇一六：一六〇）。第一の知見と組合せれば、女性労働力率の上昇は出生率を低下させるものの、保育サービスの充実がそれを補塡することができれば出生率を高めることできる、という研究者からのメッセージと読めようか。まさに「子育て支援（特に保育サービス）は日本を救う」と呼べそうな内容ではある。

ところが第三に、この分析では時点数が約三〇に達した場合には「日本ダミーとの交互作用効果」を検証している。この操作は、ある説明変数の係数に有意性が認められなかった（＝真の係数は〇と考えられる）場合でも、たとえば日本だけでみれば、有意性が認められるかもしれない。同様にある説明変数の係数に有意性が認められた場合でも、日本だけでみれば逆の符号の係数で有意性が認められるかもしれないし、まったく有意性が認められないかもしれない（柴田 二〇一六：七二）、そういう可能性を検証するための手続きである。要するに日本らしさという要因を仮想して、それが出生率を高める方向に作用するのか、それともその逆なのかを調べるわけである。

これでみると子育て支援支出（保育）の日本ダミーの係数は−0.122であり、統計的に有意とまではいえないものの、負の値になっている。これを通常に解釈すれば、日本の日本らしさが出生率に影響を与えない（＝影響が〇である）という仮説が有意水準五％では棄却されなかった、すなわち日本らしさが出生率に影響するとはいえない、という結論になる。[7]

ただ係数の向きはマイナスになっており、他国の傾向（保育サービスが増えれば翌年の出生率が増える）とは逆の傾向を示していることには留意が必要だ。無論この結果をもとに、日本の場合、保育サービスへの支出が増えると翌年の出生率が減ると強い確信をもっていうことはできない。しかし保育サービスへの支出が増えると翌年の出生率が増えるという傾向が日本では

7　ケース数（いまの場合は観察年数）を増やしたり、有意水準を一〇％にするなどすれば、日本ダミーが出生率を下げる方向で有意になることはありうるかもしれない。

確認できないという解釈の余地は残しておいたほうがよいと思われる。事実、OECD. Statで得られる、日本の保育サービスへの公的支出（対GDP比）と合計特殊出生率を時系列で見ると、保育サービスの支出と出生率の動向は少なくとも、一方が高くなると他方も高くなるような関係になっているようにはみえない[8]。

つまり柴田氏の分析からは、子育て支援（保育サービス）が先進国を救う（＝出生率を高める）ということまでは、いってよい。しかし、子育て支援が日本を救う（＝出生率を高める）とまでは結論できないはずなのである。むしろ他の先進国の全般的傾向とは異なる、日本独特の傾向があるかもしれないのである。このことは本章三節でも確認したとおりである。出生率に関するかぎり、日本は他の先進国とは異なるメカニズムに駆動される例外国かもしれないのである。こうした側面にきちんと目配りしないかぎり、国際比較に基づく研究は大きな成果を上げることはできないだろう。

これが、柴田氏の素晴らしい分析さえ見落としてしまう「言ってはいけない」真実ではなかろうか。

補論　格差は出生率を高めるか

表1.3　前年のジニ係数が出生率に与える影響（線形回帰モデル）［筆者作成］

tfr	Coef.	Std. Err.	t	P>|t|	[95% Conf.	Interval]
gini L1.	1.93444	.2536532	7.63	0.000	1.436239	2.432642
_cons	1.131839	.0806231	14.04	0.000	.9734863	1.290191

ジニ係数で測られるような社会の格差が、全世界的にみて、一定の時間軸のなかで出生率を高めるかいなかについては、各国の出生率とジニ係数に関する時系列データを入手して分析すればよい。筆者は今回、GLOBAL NOTEに掲載されている二二〇ヶ国のうち、一九九〇年から二〇一五年までの合計特殊出生率と、前年のジニ係数（一八歳から六五歳）が同時に判明する四二ヶ国について、パネルデータの線形回帰分析を行なった[9]（資料：GLOBAL NOTE　出典：出生率は世界銀行、ジニ係数はOECD）。結果は表1.3に示す通りで、前年のジニ係数が高くなると翌年の出生率が高くなる傾向が確認できる。[10] つまり社会の所得格差が拡大すればするほど、子どもが

8　一九八〇〜八六年は子育て支援支出がゼロとなっているが、これはありえないので、一九八七年以降の子育て支援支出と出生率の時系列相関をとると－0.683となる。マイナスの符号であり、子育て支援支出が増えると、出生率が減ることになる。

9　オーストラリア、オーストリア、ベルギー、ブラジル、カナダ、チリ、チャイナ、コスタリカ、チェコ、デンマーク、エストニア、フィンランド、フランス、ドイツ、ギリシア、ハンガリー、アイスランド、インド、アイルランド、イスラエル、イタリア、日本、韓国、ラトビア、リトアニア、ルクセンブルグ、メキシコ、オランダ、ニュージーランド、ノルウェー、ポーランド、ポルトガル、ロシア、スロバキア、スロベニア、南アフリカ、スペイン、スウェーデン、スイス、トルコ、英国、米国の四二ヶ国。ただし国によってはジニ係数が不明な年があるため、全期間が選ばれているわけではない。

生まれやすくなるといえるのである。きわめてパラドキシカルな事態といえるだろう。

◉文献

赤川　学　二〇一七　『これが答えだ！少子化問題』ちくま新書.
河合　務　二〇一五　『フランスの出産奨励運動と教育』日本評論社.
キンモンス、アール&古森義久　二〇一七　「世界の日本観はまだまだ蔑視と偏見だらけ」『月刊 WiLL』ワック出版、一一二五－一三七.
Myrskyla, M., Kohler, H. P. & Billari, F. C 2009, "Advances in development reverse fertility declines", *Nature*, 460 (7256), 741-3.
橘　玲　二〇一六　『言ってはいけない──残酷すぎる真実』新潮新書.
高橋順子　二〇一六　『フランスはどう少子化を克服したか』新潮新書.
柴田　悠　二〇一六　『子育て支援が日本を救う』勁草書房.

10　固定効果モデルか最小二乗法モデルかを決めるF検定では、固定効果モデルが選択された（F=193.31, Prob>F =0.000）。変量効果モデルか最小二乗法モデルかを決めるBreusch-Pagan Lagrange multiplier 検定では、変量効果モデルが選択された（chi2=4969.82, Prob>chi2=0.0000）。固定効果モデルか変量効果モデルかを決めるWald検定では変量効果モデルが選択された（chi2=0.03, Prob>chi2=0.8546）。結果として表示したのは変量効果モデルの結果であり、前年の gini 係数（gini L1.）が正で有意なので、前年の gini 係数が高くなるほど出生率（tfr）が高くなると解釈できる。

◉第 2 章◉

少子化対策はなぜ失敗するのか

――社会問題の自然史モデルから

1　社会問題の自然史モデル

本章では、社会問題を研究するアプローチとしての構築主義、なかでもジョエル・ベストが提案する自然史モデルに基づいて、一九九〇年以降の日本の少子化問題について分析を行う。

社会問題の構築主義は、社会問題を、改善されるべき社会の「状態」というよりは、「そこに社会問題があり、何らかのかたちで対処や解決が必要である」とクレイムを申立てる人々の活動（クレイム申し立て活動）によって構築されると考える、社会学の研究手法の一つである（赤川　二〇一二）。その上で、「クレイム申し立て活動とそれに反応する活動の発生や性質、持続について説明する」（Spector & Kitsuse 1977=1990 : 119）ことを目的としている。特にジョエル・ベストが提唱する社会問題の自然史モデルは、「多くの事例に共通して出現する傾向のある一連の段階」（Best, 2017, p.17）として、(A)クレイム申し立て、(B)メディア報道、(C)大衆の反応（世論や流言）、(D)政策形成、(E)社会問題ワーク、(F)政策の影響、という六つのステージを想定し、クレイム申し立て活動がなされるコンテクストや場面を取り囲む、より広範でマクロな構造に着目することができる。

自然史モデルに基づく分析を行うにあたって、本章では、少子化対策の流れを左右した七つのエピソードを取り上げる。第一に取り上げるのは、少子化問題の「現在」を典型的に示す、二〇一六年二月の二つのエピソードである。このエピソードが意味するものを確定することによって、いかにして、なぜこのような現状が生じたのかを解くことを目指したい。

2 六つのエピソード

2・1 エピソード1：「保育園落ちた日本死ね！」

二〇一六年二月一五日、「はてな匿名ダイアリー」に「保育園落ちた日本死ね！」という投稿があった。子どもが保育園に入れず待機児童となった母親と思われる匿名の投稿であった。

「何なんだよ日本。
一億総活躍社会じゃねーのかよ。
昨日見事に保育園落ちたわ。
どうすんだよ私活躍出来ねーじゃねーか。

子供を産んで子育てして社会に出て働いて税金納めてやるって言ってるのに日本は何が不満なんだ？」

「子供産んだはいいけど希望通りに保育園に預けるのほぼ無理だからって言ってて子供産むやつなんかいねーよ。」

「ふざけんな日本。

保育園増やせないなら児童手当二〇万にしろよ。

保育園も増やせないし児童手当も数千円しか払えないけど少子化なんとかしたいんだよねーってそんなムシのいい話あるかよボケ。

国が子供産ませないでどうすんだよ。」

という内容のブログであった（原文ママ、https：//anond.hatelabo.jp/20160215171759）。

翌日、ＮＨＫの「ニュースウェブ」というテレビ番組がこのブログの発言内容を取り上げ、多くの評論家、政治家、活動家がこのブログ発言をリツイートした。その後、Japan Times

が早速これを記事にするとともに、BIGLOBEニュース、exciteニュース、infoseekニュース、yahooニュースなどのwebニュースや、TBS、フジテレビ、日本テレビ、テレビ朝日などの主要テレビ局がこれを話題にし、翌月までには読売・朝日・毎日・日経の四大紙も揃ってこれを社説で取り上げた。

このブログは二つのメッセージを含んでいると考えられた。もっとも最初にこれを取り上げたJapan Timesによると、一つは「保育所の不足は、特に東京のような人口密集地域では、働く女性が仕事に復帰するにあたって深刻な障害となっている」というものであり、もう一つは、この投稿を行なった女性は「安倍晋三首相が推進する一億総活躍の偽善に光を宛てたこと」だとされた。

二月二九日、民主党の山尾志桜里衆議院議員が予算委員会でこの発言を読み上げ、待機児童問題に対する安倍首相の取り組みを批判した。この質問に対して、安倍首相は最初、「保育所を落ちた、日本死ねということでございます。そのメールについては私は承知をしておりませんが、かつまた匿名ということですので、これは実際にどうなのかということは、これは匿名である以上、実際にそれが本当かどうかということも含めて、私は確かめようがないのでございます」と応答していた。しかし一週間後の三月七日には、微妙に発言を変化させて、「今後も待機児童を減らしていく上において、我々、二十万人、四十万人、それを更に十万人増やして保育の充実を図っているところでございますし、受皿づくりにおきましては政権交代前の倍のスピードで進めているところで、かなり速い、政権交代前よりもかなり速いスピードでこの受皿づくりを進めている」と述べるに至っている。「日本死ね‼」という発言（暴言）に対して、安倍首相や保守派の論客が内心快く思っていたとは考えにくいが、待機児童問題の解消という方向性に関しては、野党の批判を一部受け入れた形になっている。この「保育園落ちた日本死ね！」は同年末、ユーキャンが主催する新語・流行語大賞のトップ一〇の一つに選ばれ、山尾議員がこの授賞式にも参加していたことは記憶に新しい。

2・2 エピソード2：「女性は子どもを二人以上産め」発言

山尾議員が国会で安倍首相を追求した同じ日、大阪市立の中学校長（六〇代男性）が全校集会で、以下のような発言を生徒たちに行なった。

「女性にとって最も大切なことは、こどもを二人以上生むことです。これは仕事でキャリアを積むこと以上に価値があります。

なぜなら、こどもが生まれなくなると、日本の国がなくなってしまうからです。しかも、女性しか、こどもを産むことができません。男性には不可能なことです。」

「『女性が、こどもを二人以上産み、育て上げると、無料で国立大学の望む学部を能力に応じて入学し、卒業できる権利を与えたら良い』と言った人がいますが、私も賛成です。子育てのあと、大学で学び医師や弁護士、学校の先生、看護師などの専門職に就けば良いのです。子育ては、それほど価値のあることなのです。

もし、体の具合で、こどもに恵まれない人、結婚しない人も、親に恵まれないこどもを里親になって育てることはできます。

次に男子の人も特に良く聴いてください。子育ては、必ず夫婦で助け合いながらするものです。女性だけの仕事ではありません。」

この発言内容が朝日新聞の取材によって知られるようになると、twitterなどを中心に賛否両論（ほとんどは反対意見）が噴出し、ほぼ炎上状態となった。市立学校を主管する教育委員会はこれを「不適切な発言」として処分を検討していると伝えられた（三月に再任用を辞退し、退職したと伝えられる）。

この、ほぼ同時に発生した二つのエピソードが意味することは何であろうか。第一に気づくことは、「日本死ね」という粗野なメッセージを、野党だけでなく、与党も受け入れている点である。この発言の趣旨は、この女性が公的な保育サービスを受けられなかったことを理由に、他の国民・日本に対しては「死ね」というわけであるから、民族抹殺のヘイト・スピーチである可能性が高い（ヘイト・スピーチの定義は曖昧であり、特に日本の法律では、「本邦外出身者に対する不当な差別的言動」と定義されているが、日本人に対する不当な差別的言動もヘイト・スピーチに含めるべきであるという議論も当然成り立つ）。少なくとも国会で議論すべき「品格」に欠ける発言であるという不満は、保守派を中心に根強い。しかし、ここでは保育サービスの充実、待機児童の解消という、働く父母を優遇する福祉的な政策が少子化対策として与野党ともに共有されている。

他方で、「女性は二人以上子どもを産むべきである」という直接的なメッセージは、女性差別あるいはセクハラ的な発言として厳しく非難された。しかし出生増進政策としては、女性が二以上子どもを産むことは、少子化と人口減少を防ぐには当然の前提というべき目標である。実際、安倍政権が推奨する地方創生や一億総活躍では、二〇二五年までに希望出生率一・八を達成目標として掲げている。この数字は、不妊の男女や、子どもを育てる意志のないＬＧＢＴ

Qを除けば、女性が二人以上子どもを産むことを想定していると考えて差し支えないものである。

つまり、この二つのエピソードを読み解くと、働く父母、特に母親を支援するような社会福祉政策のみが少子化対策として容認される、という傾向が現代では顕著なのである。他の政策は否定され、出生率を高めるのに有効と思われる他の政策はポリティカリー・コレクトネス（PC）に反するものとして、炎上しかねないのである。

この二つのエピソードが同時に発生している少子化問題の言説空間は、いかにして、なぜ誕生したのだろうか。これが本章で、社会問題の自然史モデルを用いて解こうとする問いである。そのためには、いくつかの方法がありえる。たとえば少子化問題に関する発言や考え方の変化を、新聞・雑誌記事や国会議事録などのデータベースを用いて、量的、時系列的に再構成する方法である。たとえば赤川（二〇〇四）が紹介する研究では、一九九四年から二〇〇三年の一〇年間に「少子化」と「男女共同参画」という言葉が同時に登場した、三七一回の衆参両院の総会・委員会における国会議員の発言を取り上げ、これを、少子化と男女共同参画が「無関係／直接的関係（男女共同参画が子ども数の増加に効果的）／間接的関係（少子化によって発生する問題への対処としての男女共同参画）／その他の関係」という四つのカテゴリーに分類して時系列に並べ、直接的関係を示唆する発言が一九九七年ころから増加し、九九年頃から主流化したことを論じている。こうした量的内容分析は、少子化に関する公的言説空間がいかに変化したのかを示す、かなり有効な手法であろう。

もう一つは、少子化問題にとって「画期」となるようなエピソード・出来事、発言や政策を質的に読み込んでいく方法である。特に本章では、二〇一六年時点で、働く父母、特に母親を支援するような社会福祉政策のみが少子化対策として容認されるという傾向を確認している。そこで、こうした事態がいかなる出来事の連鎖・集積として生じてきたのかという、ミシェル・フーコーいうところの「系譜学」的なアプローチによって明らかにすることを目指したい。そのためには発言内容の数量的な変化よりも、特定の「画期」を分析者が見出し、そこで何が生じていたのかを詳細に分析する質的な方法こそがよりふさわしいように思われる。

2・3 エピソード3：一・五七ショック

社会問題の自然史モデルにとって、クレイム申し立て運動が継起するプロセスのスタート地点を確定することは重要な課題である。幸か不幸か、日本では、社会問題としての「少子化」は、明確なスタート地点がある。いうまでもなくそれは、旧・厚生省（現在、厚生労働省）が、前年の合計特殊出生率が、同省が測定を開始・公表して以降、過去最低を更新する一・五七であることを公表した、一九九〇年六月九日のことである。この数字はやがて「一・五七ショック」として人口に膾炙するようになり、この日以降、少子化は日本が直面する最大の社会問題の一つとなった。

実はこの数日後、興味深い出来事が起きている。六月一二日、当時の大蔵大臣・橋本龍太郎が長寿社会対策関係閣僚会議で、「出生率の低下は、女性の高学歴化が原因」という趣旨の発言を行なったのである。翌日の読売新聞によると、同日夕の坂本三十次官房長官の記者会見でもこの問題が取り上げられたが、そこで日本在住の米国人の女性記者が「蔵相発言は、日本政府の正式の見方ですか」と問いただした。坂本長官はいったんはこの見解を肯定したが、秘書官に耳打ちされて「公式見解」という部分を否定し、「(女性の高学歴は)たくさんの原因の一つかも知れません」と述べた。女性記者が、「それでは生めよ増やせよという政策をとるのか」とたたみかけると、「日本の女性は、なかなかね、政府が『生めよ増やせよ』と言ったって、そんなに簡単に、生んだり増やしてくれたりしないと思いますよ」と答えたという(ヨミダス資料館より、読売新聞一九九〇年六月一三日、東京朝刊二面)。

ここで生じている事態は、現在の視点からみても、かなり興味深い。「女性の高学歴化や社会進出が少子化の原因」という言説そのものは、この当時の人口学の専門家にとっては、ごく常識的な事実であったと思われる。これを日本の重要閣僚というべきポストにある大蔵大臣が述べたところ、すぐさまメディア報道側から厳しい批判にさらされている。少子化問題のスタート時点にあって、少子化の原因を女性（の社会進出）に求めるような言説は、メディアによって厳しくチェックされているのである。

また、このすぐあとの答弁で、女性記者は、戦時期の人口政策を思わせる「生めよ増やせよ」というレトリックについて言及している。『生めよ増やせよ』は戦時期の人口政策確立要項でも主張されたスローガンであるが、少子化対策が出産奨励を目指す以上、『生めよ増やせよ』という目標自体は、さほど不自然なものとは思われない。しかし政府側はあくまで慎重であり、首相の女房役といわれる官房長官までもが、政府が『生めよ増やせよ』と呼びかけたくらいでは、日本の女性は容易に産んでくれないという諦念を、率直に語っているのである。

この構図は、現代まで脈々と受け継がれている。

2・4　エピソード4：「女性の社会進出が少子化の原因」説の否定

さらに女性の高学歴化や社会進出が少子化の原因になるという説は、人口学や経済学においても否定的な扱いを受けるようになっていく。一九九二年のある研究会において、経済学者の原田泰氏と高田聖治氏は、都道府県別のクロスセクションデータに基づいて、女性の賃金上昇は出生率を低めると指摘した。このとき、当時朝日新聞編集委員であった大熊由紀子氏は、以下のようにコメントした。

「女性の高学歴化や社会進出が出生率を低下させる」という仮説は、先進国については崩れた。なぜなら、出生率が減り続けているのはイタリアなど南欧、増えているのはスウェーデンなど北欧である。出生率が上がっている北欧諸国では、男女とも家庭と仕事を楽しめる社会環境、安心して子供を持てる制度を意識的につくりあげてきている。亭主関白の伝統が根強く、女性が高学歴化したにもかかわらず男性の意識が変わらぬ国で出生率が下がっている、というのは厚生省人口問題研究所の河野稠果所長をはじめ、専門家の定説となってきている（『人口の理論と将来推計』一五－一六頁）。

旧・厚生省の人口問題研究所（現在は国立社会保障・人口問題研究所）は、人口推計や出生率の問題に関する日本最大の研究機関であり、ここでの専門家の言説は、単に研究世界に対してだけでなく、日本の人口政策全体に対しても大きな影響を与えている。メディア側に属する大熊由紀子氏が、イタリアやスウェーデンなどの「先進国」を持ち出して、少子化の原因を女性（の高学歴化）にではなく、「亭主関白」や「男性の意識」という性役割に求め、そうした性役割が解消された社会（＝男女とも家庭と仕事を楽しめる社会環境、安心して子供を持てる制度）では出生率が高くなっているという、現代にまで通じる「男女共同参画」の言説が「専門家の定説」として徐々に優勢化しつつあることが伺える。

事実、日本で最初の少子化対策というべきエンゼルプラン（一九九四年一二月、文部、厚生、労働、建設の四大臣合意、「今後の子育て支援のための施策の基本的方向について」）は、子育てを夫婦や家庭だけの問題ととらえるのではなく、国や地方公共団体をはじめ、企業・職場や地域社会も含めた社会全体で子育てを支援していくことをねらいとし、保育所の量的拡大や低年齢児（〇〜二歳児）保育や延長保育等の多様な保育サービスの充実、地域子育て支援センターの整備等を図る「緊急保育対策等五か年事業」が策定された。ここでは「女性の高学歴化や社会進出が少子化の原因」であるという説や、「生めよ増やせよ」的な言説は影を潜め、女性が仕事と子育てを両立することの困難さが強調され、働く男女に対する子育て支援や社会福祉がクローズアップされるようになっていることが確認できる。

2・5 エピソード5：「男女共同参画は少子化を防ぐ」言説――フェイク統計の跳梁跋扈

二〇〇〇年頃には、先進国では男女共同参画が出生率を高めるという言説が、人口学・社会学の専門家、官僚、大臣、政治家などから発信されるようになっていた。特に有名になったのは、ＯＥＣＤ（経済協力開発機構）に属するいくつかの国を取り上げて、女性労働力率と出生率という指標に基づいて散布図を作り、「女性労働力率の高い国ほど、出生率が高い」という論点を強調する統計であろう。スウェーデンなどの北欧諸国やフランスが、男女共同参画を実現しながら少子化を防いだ国として取り上げられ、イタリア、ドイツ、日本、（韓国）などの枢軸同盟国が男性中心の性役割が残存しているために少子化が止まらない国として論じられることになった。

私事で恐縮だが、二〇〇四年末に刊行した『子どもが減って何が悪いか！』はこうした現状に一石を投じたものであった。特に注目されたものは、先にみたような「女性労働力率の高い国ほど、出生率が高い」という相関関係が、ＯＥＣＤ加盟国全体を対象にすれば消失してしまうこと、国の選び方次第で「女性労働力率が高い国ほど出生率が低い（あるいは両者に関係はない）」という、全く逆の結論が導かれてしまうことなどを指摘したものである。この書は学術的な新書としては予想外の注目を浴び、朝日新聞をはじめとするいくつかのマスメディアに書評が掲載され、最終的には三万部以上売れた。現役官僚や学者の方から、内々に好意的な感想を受け取ったこともある。現在でも、近年のデータを用いたり、時系列の分析を付すことによって、「女性労働力率が高い国や地域ほど出生率も高い」という主張を行う人がいないわけではない。しかし、少なくとも「女性労働力率が高くなるから、出生率も高くなる」という因果関係を素朴に主張する人は、かなり減ったように思われる（あるいはそのように公言すると、すぐに反論が来る）。現代は、ポスト・トゥルースの時代といわれ、虚偽の情報で作られた「フェイク・ニュース」の存在が大きな話題となっているが、「男女共同参画は少子化を防ぐ」という根拠として使われた統計は、さしずめフェイクニュースならぬ、「フェイク統計」と呼びたくなってしまうような類のものかもしれない。

もっとも、一学者の叫びが、政策の現場を変えたかといえば、もちろんそのようにことは単純ではない。実際のところは二〇〇五年一〇月には、政治学出身の猪口邦子氏が小泉純一郎内閣のもとで、最初の男女共同参画・少子化対策担当大臣として任命され、テレビ出演や講演の場で、しばしばこの散布図を持ち出して、「男女共同参画は少子化対策の切り札になる」という趣旨の発言を行っている。男女共同参画と少子化対策の結びつきがもっとも強化された時期とすらいえるだろう。

唯一の例外というべきは、自由民主党・参議院議員（当時）の山谷えり子氏による、二〇〇五年一〇月二六日に開催された少子高齢社会に関する調査会での発言であろう。山谷氏は、「これまでの議論というのは、仕事と子育ての両立を図れば出生率が上がるというような議論だったんですけれども、そしてまた、よく引用されるＯＥＣＤ諸国データから女性の労働力率と出生率が正の関係にあるというのがあるんですが、実はあれメキシコやトルコなど当てはまらない国々が外されていて、本当に相関関係があるのかというのがもう学者の間で話題になっているくらいで、実は余り相関関係がないんじゃないかと。むしろ、堺屋先生が出された、世界の合計特殊出生率に見る、初婚年齢が早いほど出生率が上がるという、こちらの方が私は自然なのではないかという感じを持つんですが、そういうような情報発信とか教育の在り方というのは、なかなか今の社会ではメッセージ出しにくい部分があるんだと思うんですね」と述べている。

「本当に相関関係があるのかというのがもう学者の間で話題になっている」というのはおそらく筆者自身の書物よりも、筆者の書を引用して政府の少子化対策批判を行なった日本政策研究センターの記事（ジェンダーフリー流少子化対策の「欺瞞」、二〇〇六年七月三日、http://www.seisaku-center.net/node/284）や、当時著名な保守派の論客であった林道義氏の著作『家族を蔑む人々　フェミニズムへの理論的批判』（二〇〇六年一〇月刊）などを参照した可能性が高いように思われる。もっともここでも興味深いのは、参考人であった堺屋太一が示した「初婚年齢が早いほど出生率が上がる」という認識に対して、山谷は賛同を示すものの、「そういうような情報発信とか教育の在り方というのは、なかなか今の社会ではメッセージ出しにくい部分がある」という点をも認めているのである。二〇〇六年という時点ですでに、保守派の政治家自身が「早く結婚して、たくさん子どもを産んで下さい」というメッセージに逡巡せざるをえなくなっていることがわかる。エピソード1でみた大阪の中学校長は、一〇年後にこの虎の尾を踏んだ形で決然と発言し、公職を追われるに近い不利益を被ることになったわけである。

2・6　エピソード6：児童手当増額・子ども手当の否定

「仕事と子育ての両立を支援する」という男女共同参画やワーク・ライフ・バランスによくみられる政策では、男女が家族を形成し、妻も夫も子育てしながら仕事もする「両立ライフ」が前提となっている。夫が稼ぎ手で妻が専業主婦という家族のみならず、妻が稼ぎ手で夫が専業主夫という形態も、男性同士、女性同士がカップル形成して子どもを育てる同性婚（ないしパートナーシップ）的な家族形態も、視野に入っているようにはみえない。

それゆえに、というべきか、両立ライフを支援する以外の政策は、少子化対策の文脈では軽視、無視、ときには強い反対に遭うことがある。その典型例といえるのが、共働き家族にも片働き家族にも同等に支給される児童手当や子ども手当である。これはしばしば少子化対策の専門家、官僚、フェミニスト活動家などから目の敵にされてきたといっても過言ではない。

たとえば少子化問題が発生した一九九〇年の一一月、与党・自民党の児童と家庭問題小委員会の場で、元厚生大臣の斎藤十朗氏は児童手当の大幅増額を主張した。これを受けて厚生大臣（当時）の津島雄二氏は「出生率の低下は、児童手当の改善一つでどうなるものでもないマグニチュード（規模）の大きな問題だ。しかし、総合的に施策を進めようという時に、児童手当はその心棒になる」とさえ述べていた。

これに対して大蔵省（現在・財務省）の渡辺裕泰厚生担当主計官は、「児童手当が出生率の向上に結び付くとはどうしても思えない。政策効果がないものに税金を使うわけにはいかない」と、国庫負担の増額に反対した。日経連や経団連も、児童手当の半分を企業が拠出する関係から、「これ以上我々に負担を求められても困る。現状でがまんしてもらうしかない」と述べたという（朝日新聞、一九九〇年一一月一三日朝刊）。一九七二年に発足した児童手当制度は、一九九〇年当時、義務教育就学前の第二子以降に対して、第二子が月額二、五〇〇円、第三子以降が五、〇〇〇円支給されていた。当時の大学新卒者の初任給は約一六万円台であり、当時の物価水準からみても、児童手当は「雀の涙」に等しい額でしかなかったが、それに対するわずかな増額すら激しい抵抗にあったわけである。[11] この当時の全国的な世論をしる資料としては、人口問題研究所の「第八次出産力調査」が利用できる。これによれば結婚後、夫婦が理想と考える子ども数（三人）を下回る理由について、「子育てに金がかかる」（三六・九％）と答えた人が一番多く、続いて「教育費が高い」（二九・三％）、「育児の肉体的、心理的負担」（二五・二％）、「高年齢で産むのはいや」（一六・三％）、「家が狭い」（一五・七％）の順であったという（読売新聞　一九九〇年八月二九日）。子育てに対する金銭的負担や住宅の狭さといった経済的要因が国民の間では重要視されていたことが伺えるが、こうした世論を財務官僚は抑止しようとしたのである。

11　二〇一七年九月現在、児童手当の支給は、三歳未満と三人目以降のこどもが月額一五、〇〇〇円、三歳以上から小学生と中学生が一〇、〇〇〇円となっている（HP児童手当の最新情報、http://xn-d5q845aejc090bmnzuei.com/）Academic Press, Inc.

少子化対策としての子育て支援に対して肯定的な論者は、保育所の充実、待機児童の解消、保育園義務化など、対人サービス（サービスの現物給付）を中心とした公的保育の充実を図る傾向が強い。これに対して、子ども本人や、子育てを行う男女に対する金銭的な補助を忌避し、ときには猛反発する傾向がある。

たとえば二〇〇六年五月、猪口邦子・少子化担当相が経済財政諮問会議に示した「新たな少子化対策案（仮称）」には、出産無料化、乳幼児手当の創設、不妊治療の公的助成拡大など経済的支援が明記されていた。これに対して、やはり猪口氏がトップを務める少子化社会対策推進専門委員会のうち数名が、「子育て支援の環境が整備されていない現状では経済的支援のみでは子育ての安心感にはつながらない」とし、「働き方の見直し」と「地域と家庭の多様な子育て支援」を「まず取り組むべき課題」と述べた。彼らは「これまで話し合ってきたのは何だったのか」、「報告書の内容はほとんど反映されていない」と抗議声明を提出したという（朝日新聞、二〇〇六年五月二一日）。

仮に「経済的支援のみでは子育ての安心感にはつながらない」という彼らの理屈が正しかったとしても、経済的支援を少子化対策として実行してはならない、ということにはならないはずである。しかしながら彼らは経済的支援と、「働き方の見直し」（実質的にワーク・ライフ・バランスのこと）を対立的な関係とみて、経済的支援が実施されれば、「働き方の見直し」が妨害されると考えているのである。

このような経済的支援に対する否定的見解が、一挙に爆発したのが民主党政権における「子ども手当」の失敗であろう。二〇〇九年九月に総選挙で勝利して、民主党・社民党・国民新党との連立政権（鳩山由紀夫首相）が成立する以前から、民主党は「〇歳から中学校修了までの子どもに対して一人月額二六、〇〇〇円、所得制限なし」の子ども手当支給を政権公約（マニフェスト）に掲げていた。二〇一〇年度には児童手当を廃止して、公約通り半額の一三、〇〇〇円の支給を開始した。しかし二年目の二〇一一（平成二三）年度は、東日本大震災の発生や財源問題等から、マニフェストにあった一人月額二万六千円は実現されず、翌年には子ども手当は廃止され、児童手当が復活した。

このとき少なくない数の専門家やマスメディアが、子ども手当の拡大では出生率の十分な回復につながらない、という議論を展開した。たとえば朝日新聞二〇〇九年八月一八日の記事では、「ただ、少子化対策に求められるのは、経済支援だけではない。少子化の大きな要因は、『仕事か子育てか』という二者択一の構造だからだ。仕事と子育ての両立を可能とするには、安心して子どもを預けられる保育サービスの拡充と、ワーク・ライフ・バランス（仕事と生活の調和）の実現が『車の両輪』だ」と述べて、経済的支援を「車の両輪」から外している（《にっぽんの争点：子育て》新「手当」か　幼児無償化か）。また二〇〇九年一一月には、OECDのアンヘル・グリア事務総長が、二五〜五四歳の日本女性の就労率がOECD諸国の中で下位にあることを指摘し、「少子化が進む日本では、労働力確保のため女性の人材活用が重要になる。少子化対策と女性の社会進出を促す一挙両得の政策が必要だ」と指摘。そのうえで、子ども手当よりも、幼稚園や保育園に入れない児童をなくす策を重視すべきだと述べた（朝日新聞、二〇〇九年一一月一八日、「子ども手当より『待機児童解消を』　OECDが政策提言」）。

このように、共働き、片働きを問わず子どもに対して均等に経済的支援を行う子ども手当よりも、両立ライフに特権的に支援すべきとする保育サービスの拡充やワーク・ライフ・バランスだけが少子化対策として有効だという議論の運びになっている。子ども手当の「失敗」は、少子化対策の中心が、両立ライフを支援する福祉的な政策に移行する最終的な段階を意味しているといえるだろう。「保育園落ちた日本死ね！」というヘイト・スピーチまがいの言辞が、与野党問わず、少子化対策として真剣に取り扱われるという日本の現状は、こうした歴史的経緯の上に成り立っている。

3　自然史モデルからの示唆

以上、日本の少子化問題・対策の歴史を論じるにあたり、現在の状況を成り立たせしめるに至った画期となるエピソードを六つ取り上げてきた。改めて振り返ると、以下のようにまとめることができる。

エピソード1　「保育園落ちた日本死ね！」が待機児童問題の深刻さを示す標語として定着
エピソード2　「女性は子どもを二人以上産め」発言が炎上
エピソード3　一・五七ショック当日、「生めよ増やせよ」政策が否定
エピソード4　「女性の社会進出が少子化の原因」説の否定
エピソード5　「女性労働力率の高い国ほど出生率が高い」というフェイク統計の跋扈
エピソード6　児童手当増額・子ども手当の否定

これを社会問題の自然史モデルの立場からみたときに、どのような示唆を得ることができるだろうか。

第一に、基本的な前提として、日本の少子化を解決すべき社会問題としてクレイム申し立てを行うのは、①人口学、社会学、経済学などの専門家や政治家、②少子化対策のリストを数年おきに作成し、予算を措置し、実施する官僚や社会問題ワーカー、③政策形成に影響力を行使すべくさまざまな審議会や諮問会に所属するフェミニズムや子育て支援に熱心な活動家たちが中心であるということである。とりわけ毎年の人口や出生率の推計を行い、定期的（概ね六月頃）に公表する厚生労働省・社会保障人口問題研究所が発する提言は、内部クレイムメイカーとして強い影響力を有している。全国紙の主要五新聞（読売、朝日、毎日、日経、産経）や主要テレビ局（NHK、日本テレビ、TBS、テレビ朝日、フジテレビ、テレビ東京）は、これら内部クレイムメーカーが公表する数字や推計をほぼそのままの形でパッケージ化し、報道する傾向が強い。あえていえば、少子化問題は官製社会問題（government-manufactured social problem）というべき性格を有している。

それゆえに、というべきであろう、少子化問題がクレイム申し立てされる際には、経済成長の鈍化や現行年金制度の不安定化などのデメリットが強調されるケースがほとんどであり、少子化がもたらすメリット、たとえば交通渋滞の解消、環境・資源問題の緩和、公教育の充実（少人数教育など）、広くて安価な家に居住できることなどについてはほとんど議論されることがない。また少子化は、労働人口の減少を引き起こし、これが潜在的経済成長率を低めて、世代間の支え合い（賦課制度）で成り立つ公的年金制度を破綻させる、という理解が、少子化問題の「肝」といってよい。しかし、少子化や人口減少は必ずしも経済成長の鈍化につながるわけではない。近年のアベノミクスが示すように、金融緩和と財政出動による持続的な経済成長は少子化のもとでも十分可能であるし、名目成長率二％程度が維持できるならば、現行の年金制度は維持可能となり、一人あたりGDPも将来的には増えていくであろう（総人口は減っても、名目経済成長は続くため）。このような議論が、国会で議論されたり、マスメディアで丁寧に議論された形跡はほとんどないのである。

他方で、何が日本において出生率を引き起こしてきたのかに関する原因論が、特定の方向にバイアスがかかって論じられる傾向がある。人口学者の岩澤美帆氏によれば、出生率低下に寄与する要因としては、非婚者の増加が九割とすれば、一夫婦が生む子ども数の減少がもたらす影響は一割程度にすぎない。ところがこれまでの少子化対策は、仕事と子育ての両困難やワークライフバランスを強調することによって、一夫婦あたりの子ども数を増やすことに焦点がおかれてきた。そもそも出生率全体を押し上げる効果が薄いところに、出生率を高める効果も定かではない男女共同参画やワークライフバランスの言説ばかりが勝利し続けてきた。そしてこれらの議論においては、なぜそもそも若者は結婚しないのかという、より根本的な問題に対して十分な目配りが及ばないのである。

一夫婦あたりの子ども数を増やす政策にしても、世論調査をみるかぎりは、「子どもの教育費がかかる」という経済的負担に対する懸念は、必ずといってよいほど上位に位置していた。しかしこれまでみたように、児童手当の増額や子ども手当といった、親のライフスタイルを問わず子どもを直接的かつ平等に経済支援する政策は、財政的負担の重さや政策的な効果の薄さを理由として、財政均衡主義を省是とする財務省（旧大蔵省）の官僚だけでなく、男女共同参画やワークライフバランスを強調するフェミニスト活動家からも否定される傾向が強い（エピソード6）。その代わりに、共働きで、子育てを分担する両立ライフを特権的に支援する公的保育サービスの充実、待機児童の解消などの政策が正当化され、強力にプッシュされてきたのである。

第二に、このようなわけで、自然史モデルが想定する政策形成のステージでは、男女共同参画とワーク・ライフ・バランスを強調する言説が少子化対策の中心的存在であり続けてきた。

他方、エピソード2からも伺えるように、女性に子どもを（二人以上）産んでもらいたいと政府が直接呼びかけるようなやり方は、戦時期の「産めよ、増やせよ」などの出産奨励策――それは保守的であり、女性に対して抑圧的とみなされる――を連想させて、きわめて否定的に捉えられる。またエピソード3のように、公人が女性に子どもを（二人以上）産んでもらいたいと説諭することは、それがいったん公になると、男女共同参画に抵触する、あるいはセクシュアル・ハラスメントに該当する言辞として多くの人々から非難の的となる。少なくとも公職を賭ける覚悟がなければ、容易には語れないような言説となっているのである。さらにエピソード4が示すように、「女性の高学歴化や社会進出が少子化の原因となっている」という説は、少なくとも学問的には大いに検討の余地のある仮説である。[12] しかしエピソード5に登場するフェイク統計によって、「女性の社会進出（女性労働力率の上昇）こそが出生率を上昇させる」と、真逆の因果連関に依拠する言説が主流を占めるようになっていき、これに反する言説や統計は黙殺され、批判され、政策形成の現場から排除されるようになっていった。

その結果として第三に、男女共同参画やワーク・ライフ・バランスというイデオロギーに適

12　女性の高学歴化や社会進出によって晩婚化や未婚化が進むならば、そのこと自体が出産確率を低めてしまう可能性は十分に考えられる。少なくとも、女性の識字率を高めて出生率を下げようとするのは、歴史的・世界的には標準の政策論であった。

合的な福祉政策のみが少子化対策として、官民問わず受容され、その他の政策は排除されることになった。自然史モデルの用語でいえば、少子化問題に関する専門家や官僚が、少子化に関する原因を定義し、解決策を導出し、政策形成を有利にすすめる状況の定義権、すなわち社会問題の所有権を獲得するような状況が生まれている、といいうる。社会問題の所有権を有する者は、国会や審議会で有力になったり、メディア報道におけるコメントを優先的に求められたりする。その結果、ますます知名度を得て政策形成の資源を獲得することが可能となり、競合したり、対立するクレイム申し立て者よりも有利なポジションを獲得することができるのである。

4 自然史モデルに随伴する「なぜの問い」

社会問題の自然史モデルは、基本的にはクレイム申し立て活動の連鎖を六つのステージごとに詳細に追いかけていく手法である。本章では六つの画期となるエピソードを取り上げて、男女共同参画とワーク・ライフ・バランスに基づく福祉政策を少子化の解決策と提示する言説が、他の可能性を圧倒して、ここ二五年来の日本の少子化対策の中心を占めるに至るプロセスについて論じてきた。ここでさらに提起しうる問いとして、本章は、①「いかにして、なぜ、男女共同参画とワーク・ライフ・バランスに基づく福祉政策が勝利したのか」、②「なぜ日本の少子化対策は、出生率の十分な回復という目標を達成できず、失敗し続けてきたのか」という、相互に関連している二種類の問いを提起したい。

第一の問いを考えるにあたっては、「ある時空間において、特定の言説とレトリックが勝利し、他のいかなる言説やレトリックもその代わりに語られないのはなぜか」という、ミシェル・フーコー以来、社会学的な言説分析の問いに接続させる必要がある。これは社会問題の構築主義の創始者であるジョン・I・キツセが、「社会問題の理論の中心的課題は、クレイム申し立て活動とそれに反応する活動の発生や性質、持続について説明することである」(Spector & Kitsuse, 一九七七＝一九九〇：一一九）と述べていたこととも接合可能な問いである。言説分析や社会問題の構築主義が有するリサーチ・クエスチョンを、日本の少子化問題に取り入れるのは、「一九九〇年以降の日本において、少子化対策として、男女共同参画やワーク・ライフ・バランスを強調する福祉的な政策が勝利し、他のいかなる言説や政策もその代わりになることができなかったのはなぜか」という問いを解くことに相当する。

第二の問いを考えるにあたっては、社会学や国際関係論の分野で近年有力な手法となっている過程追跡の方法に学ぶことが有益であるように思われる。過程追跡の目標は、「政策プロセスの複数の段階を関連づけ、出来事の動態を通じて特定の決定がなされた理由を研究者が解明できるようにする」ことであり（George & Bennett, 二〇〇五＝二〇一三：一九八）、「経路依存、転換点（tipping point）、多重相互作用、選択効果、非比例的フィードバックの環、同一結果帰着性（equifinaity：同じ結果をもたらすような異なる因果経路が多数あること）、複数結果帰着性（multifinality：ある一定値の変数が、多くの結果と論理的に一致していること）などのような複雑な因果関係をモデル化し、評価する」（George & Bennett, 二〇〇五＝二〇一三：一八）ための手法である。特に次章では、過程追跡ならびにその発展形としての過程構築という手法をもちいて、少子化対策の成功原因／失敗原因を考察することにする。

本章では第一の問いに対して、言説分析のリサーチ・クエスチョンという観点から、いくつかの回答を提案したい。

第一に、男女共同参画を主張するフェミニストや専門家、しばしば、「保育を必要とする」共働きの親を優先的に扱う保育所サービスや待機児童の解消を強調し、すべての子どもに等しいサービスを提供する手段としての経済的支援、そのための財政負担に対して否定的な態度を取り続けた。これは図らずも、伝統的に財政均衡主義の立場を取り、公的支出を増やすことに対して拒絶的な財務官僚（元・大蔵官僚）の立場と合致していた。児童手当や子ども手当を、国民に対する「バラマキ」と表現したり、男女共同参画やワーク・ライフ・バランスに合致するライフスタイル（男女共働き）のみを少子化対策として重点的に支援していくという心性は、「野合」ないし「不幸な結婚」につながる傾向があったのである。

第二に、政府や公人が国民である女性に対して、直接的に子どもを産むことを薦めるようなメッセージは、戦前の軍国主義の象徴というべき「産めよ、増やせよ」の復活として過度に警戒される。エピソード2からも明らかなように、少子化問題が発生した一九九〇年六月の官房長官記者会見において、「産めよ増やせよ」という言葉がジャーナリストから持ちかけられ、政府側は「われわれの政策は『産めよ増やせよ』ではない」と否認せざるを得ない立場に追い込まれている。「産めよ増やせよ」は、いわば「藁人形」として仮構された仮想敵であり、少子化対策を進める側も、これに否定的な立場を取る側も、共通して忌避するレッテルになっていた可能性が高い。

第三に、日本の政治文脈で登場する「男女共同参画」では、多くの場合、異性愛の男女が夫婦となり、ともに外で働きつつ子どもを育てることを前提としている。それゆえに、家族やカップルを形成しない独身者や、男性が稼ぎ手で女性が専業主婦であるような片働きカップル（女性が稼ぎ手で男性が専業主夫である場合も同じ）のことを軽視ないし無視する傾向が強い。少子化が進展する原因を数学的に分解すれば、非婚率の上昇と一夫婦あたりの子ども数の減少の影響比は九：一である。日本のこれまでの少子化対策は、婚活支援や結婚支援という例外を除いては、生涯未婚率に代表される独身者、おひとりさまの増加という現実から目を逸らし続けてきた、とさえ言いうるのである。

言説分析の観点からは、これらの要因が複合的に作用することによって、「少子化対策として、男女共同参画やワーク・ライフ・バランスを強調する福祉的な政策が勝利し、他のいかなる言説や政策もその代わりになることができなかったのはなぜか」という問いの一部に応えることが可能になると思われる。

◉文献

Akagawa, Manabu　2004　*What's Wrong with a Low Birthrate on Earth!*（子どもが減って何が悪いか！）, Chikuma Shobo（筑摩書房）.

――――　2011　"Is a shrinking population　really a social problem?" SSSP 2011 Annual Meeting Session 94 : 2011.8.21　at Harrah's Las Vegas Hotel.

――――　2014　"The Construction and transformation of low birthrate issues in Japan since 1990s" SSSP 2014 Annual Meeting Session 139 : 2014.08.17

Best, Joel.　2015　"Beyond Case Studies : Expanding the Constructionist Framework for Social Problems Research", *Qualitative Sociology Review*. Apr 2015, Vol. 11 Issue 2, p18-33.

——— 2016 *Social Problems*, 3rd ed, W.W. Norton & Company.

George, A. and Bennett, A. 2005. *Case Studies and Theory Development in the Social Sciences*, MIT Press.

Tarrow, S. 1995 "Bridging the Quantitative-Qualitative Divide in Political Science", *American Political Science Review*, Vol.89, No.2, 471–474.

◉第 3 章◉

誰がどんな
少子化対策を
支持するのか

1　人口減少と少子化をいかに論じるか

二〇〇五年、日本の総人口は一億二七八〇万人でピークを迎えた。合計特殊出生率（Total Fertility Rate, 女性が一生のあいだに産む子ども数の平均）が劇的に回復しないかぎり、今後、長期にわたって総人口は減少し続ける。いうまでもなく、出生率の低下がもたらす少子高齢化のデメリットのうち、もっとも懸念されているのは、①現役労働人口の減少に伴う経済成長の鈍化と、②「世代間の支えあい」によって成り立つ年金・医療・介護制度の不安定化である。それゆえ子どもの数を増やそうとする少子化対策の必要性が叫ばれてきた。

では実際、出生率がどのくらい回復すれば、総人口は減少せずに済むのだろうか。しばしば引き合いにだされるのは人口置換水準といわれる数値で、出生率が約二・一以上あれば総人口が維持されるという。ただし出生率の増減には慣性の法則のようなものがあり、経済成長率や金利のように、数年ごとに劇的に変化するような性格のものではない。また出生率が多少上がったからといって、生まれる子どもの数が即時に増えるわけでもない。

たとえば国立社会保障・人口問題研究所の「日本の将来推計人口（平成一八年一二月推計）」

によれば、約五〇年後の二〇五五年、出生率の高位推計は一・五四六一となっている。このとき生まれる子どもの数は六七・五万人[13]。二〇〇五年の出生率は一・二六、出生数は一〇六・五万人だから、このとき出生率は現在からみれば劇的に回復しているにもかかわらず、生まれる子どもの数は三六・六％も減少してしまう。これはいっけん謎めいた結果にみえるし、マスコミや評論家もあまり論じない。しかし答えは簡単。出産可能年齢（一四－四九歳）の女性の数そのものが減ってしまうので、多少出生率が増加したところで、一年に生まれる子どもの数は増えないのだ。

それでも総人口の減少を食い止めようと考えた場合、二〇五五年の時点で出生率はどの程度まで回復していなければならないのか。国立社会保障・人口問題研究所が公開している「小地域簡易将来人口推計システム」[14]を用いると、二〇〇〇年の総人口は一二、六九二万人、高齢化率（六五歳以上人口の割合）は一四・六％、合計特殊出生率は一・三六である。出生率が二〇五五年までに人口置換水準とされる二・一まで回復したと想定すると、総人口は九、七三七万人、高齢化率は三〇・五％となる。総人口は維持されるどころか約三、〇〇〇万人減少し、高齢化率は現在の二倍以上になる。あくまで総人口の維持をめざそうとすれば、出生率は二〇五〇年には約三・四七か三・四八まで回復しなければならない。

このようにみてくると「少子化対策」なるものの有効性は、かぎりなく疑わしい。出生率の増減を小数点三桁まで喧しく騒ぎ立てるのは論外にしても、近年議論されている種々の少子化対策にしても、出生率を現状の一・三からせいぜい一・六程度まで上げられるかどうかを論じているにすぎないように思われるからだ。[15]特に高齢化率に関しては、二〇五〇年で出生率が一・六になろうと一・三にとどまろうと、わずか五％程度しか違わないことは強調してよい。[16]

つまり少子化対策は、少子高齢化や人口減少への対応策としての費用対効果という面から考えると、きわめて効率が悪い。それだけでなく、厳しいいい方をすれば、この期に及んで「少子化対策で子ども数を増やして、少子高齢化や人口減少に対応を」という論説を展開すること

13　http://www.ipss.go.jp/pp-newest/j/newest03/newest03.asp　二〇〇八年六月一六日検索。出生数六七・五万人は、出生率高位推計かつ死亡率中位推計の場合。ただし死亡率が高位でも下位でも、出生数はさほど変わらない。

14　http://www.ipss.go.jp/syoushika/tohkei/Shou/S_Jouken.asp　現在は閉鎖。

15　代表的なものとして、男女共同参画会議・少子化と男女共同参画に関する専門調査会「少子化と男女共同参画に関する社会環境の国際比較報告書」（二〇〇五年九月）などがある。http://www.gender.go.jp/danjo-kaigi/syosika/houkoku/index-kokusai.html　二〇〇八年六月一六日検索。

16　小地域簡易将来人口推計システムを用いると、二〇五〇年で出生率が一・三の場合，総人口は八、五九二万人、高齢化率は三四・五％となる。出生率が一・六の場合、総人口は九、一二六万人、高齢化率は三二・五％となる．ちなみに出生率が二一の場合、総人口は一〇、〇七一万、高齢化率は二九・五％となる。

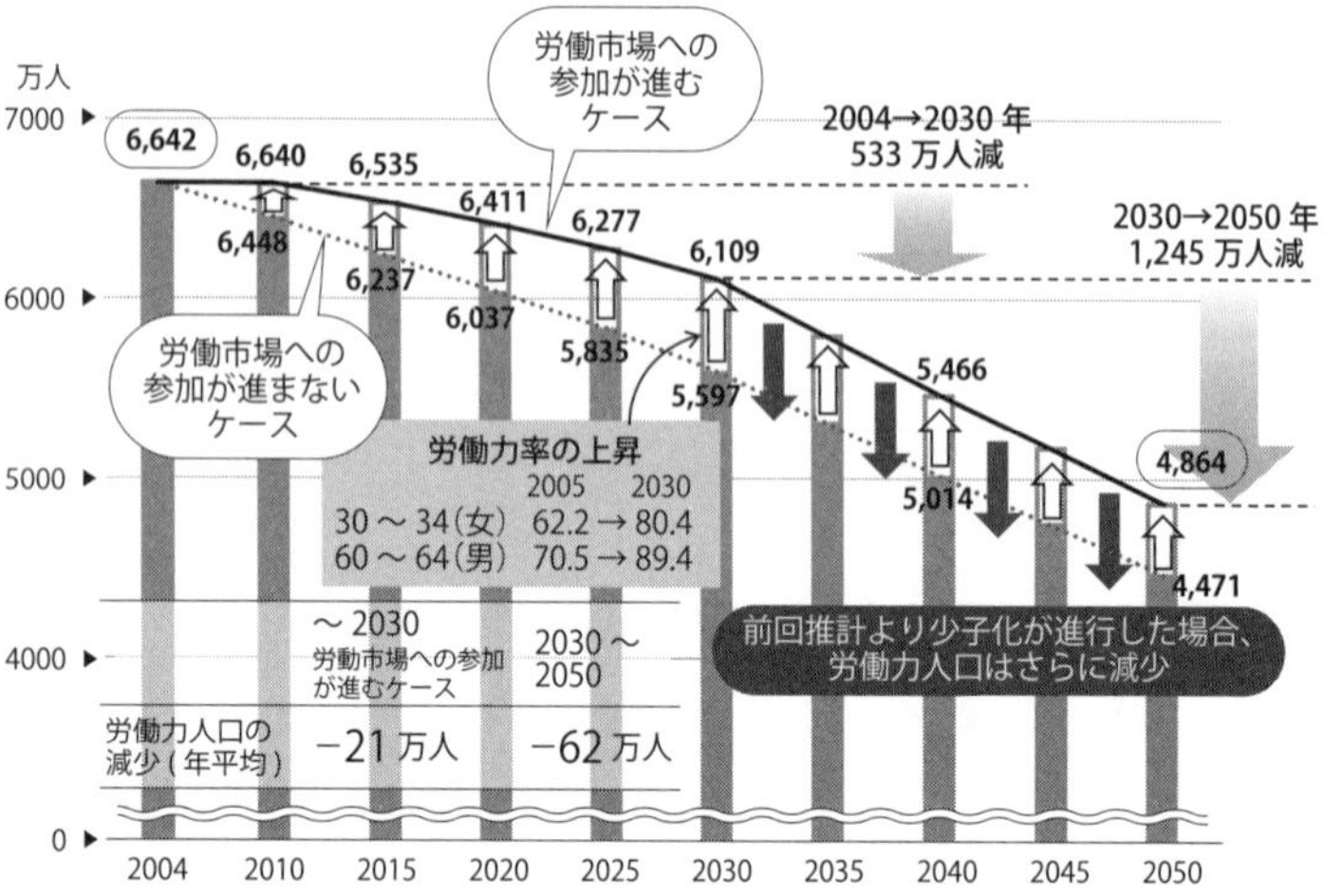

図 3.1 労働力人口の将来見通し（平成 14 年将来推計人口による）

注：労働力人口は職業安定局推計（2005.7）。ただし、2030 年以降の労働力人口は 2030 年の年齢階級別労働力率が変わらないと仮定し、平成 14 年将来推計人口（中位推計）に基づき、社会保障参事官室において推計。

http://www・mhlw・go・jp/shingi/2006/12/dl/s1220-9e・pdf

は、人口減少社会に対応するための制度づくりを遅延し、阻害するという観点からは、有害無益とさえいえる。

他方、出生率がこのまま低位で推移したとしても、日本国に住む国民一人一人の豊かさはさほど目減りしない。社会保障審議会人口部会が提出している「労働力人口の将来見通し（平成一四年将来推計人口による）」を用いて簡単な計算をしてみよう。二〇〇四年、労働力人口は六、六四二万人。二〇五〇年の労働人口は、女性と高齢者の労働参加が進んだ場合四、八六四万、進まなかった場合四、四七一万となる（図3.1参照）。一国の国内総生産（Gross Domestic Products）は、基本的には労働人口と一人あたり労働生産性を掛け合わせたものとして計算できるので（次頁の式①）、二〇〇四年の国内総生産約四九八兆円という数字を用いると、この年の一人あたり労働生産性は約七五〇万円となる（式②）。

ここで二〇五五年に一人あたりの労働生産性が不変と仮定した場合、GDPはどうなるか。女性と高齢者の労働参加が進んだ場合でも、[17] 労働人口は六、六四二万から四、八六四万に減少し、それに応じてGDPは約三六五兆円となる（式③）。GDPは二〇〇四年のそれ（約四九八兆円）とくらべると約七三％であり、大きく減少する。仮に二〇五〇年の時点で二〇〇〇年と同額のGDPを確保しようとすると、一人あたり労働生産性は約一、〇〇〇万円でなければならず、現状より約二五％上昇しなければならない（式④）。式③と式④は、労働人口が減少することによってGDPが現在のほぼ七割になるか、それとも一人あたりの労働生産性を現在より二五％高めることで名目GDPを維持するかという極端な想定に基づいている。おそらく日本社会の将来の現実は、その両極端の中間にある。

17　ここで想定しているのは、三〇～三四歳女性の労働力率が二〇〇五年の六二・二％から二〇三〇年に八〇・四％に上昇し、六〇－六四歳の男性の労働力率が七〇・五％から八九四％に上昇するケース。

定　　義：国内総生産＝労働人口　　×一人あたり労働生産性……①
二〇〇四年：四九八兆円＝六、六四二万人×七五〇万円…………②
二〇五〇年：三六五兆円＝四、八六四万人×七五〇万円…………③
二〇五〇年：四九八兆円＝四、八六四万人×一、〇〇〇万円………④

たしかにＧＤＰの減少が示す経済規模の縮小は、ゆゆしき問題かもしれない。ただし国の豊かさを一人あたりのＧＤＰという指標で計算すると、違った姿がみえてくる。たとえば二〇〇四年の総人口は一二、七八三万人だから、これを労働人口六、六四二万人で除すると、一人あたりのＧＤＰは約三九〇万円となる（式⑤と⑥）。ここで「日本の将来推計人口」の中位推計を用いて、出生率が現在とほぼ同じ水準の一・二六で推移したと仮定すると二〇五〇年の総人口は九、五一五万人となる。一人あたり労働生産性が二〇〇〇年と変わらず約七五〇万円とすれば、二〇五〇年のＧＤＰは三六五兆円となるから（式③）、二〇五〇年の一人あたりＧＤＰは三八四万円となる。これは二〇〇〇年時点の一人あたりＧＤＰとほとんど変わらない額である。つまり労働人口の減少により将来的にＧＤＰが減少しようとも、同時に総人口も減っていくので、一人あたりＧＤＰはさほど減らないわけである。

定　義：一人あたりＧＤＰ＝国内総生産　÷　総人口……………⑤
二〇〇四年：三九〇万円　＝四九八兆円　÷　一二、七八三万………⑥
二〇五〇年：三八四万円　＝三六五兆円　÷　九、五一五万…………⑦

いささか煩雑な計算を続けたが、確認できるのは次のことだ。第一に、現在の少子化対策が想定しているように、出生率を一・三から一・六程度に上げるという変化は、総人口の減少傾向や高齢化率にほとんど影響を与えない。第二に、一人あたりの労働生産性が現状のままとすると、一国のＧＤＰは二〇五〇年には現在のほぼ七割になる。第三に、一人あたりの労働生産性と出生率が現状のままとしても、一人あたりのＧＤＰは現在とほとんど変わらない[18]。

してみると、少子化や人口減少のデメリットとしてしばしば強調される、現役労働人口の減少、経済規模の縮小、経済成長の鈍化、現状の年金・医療・介護制度の不安定化といった事態は、事の本質とはいえない。一人あたりの豊かさが減るわけではないのだから。むしろ人口

18　ちなみにこの頃になると、一年ごとに総人口は約一〇〇万人ずつ減っていくので、二〇五五年には総人口は八、九九三万人。一人あたりＧＤＰは四〇六万円となり、現在よりむしろ豊かになる。

減少「問題」の本質は、一国の豊かさを人びとにどのように配分すべきか、その財やサービスの配分の仕方が公正といえるのかという、国づくりの制度設計の理念に関わる問題なのである。それは人口学や経済学よりも、社会学が率先して取り扱うべき課題といえる。そもそも人口減少は、一九六〇年代から中山間地の過疎に悩む地域では既知の事柄である。それがいまさら問題になるのは、一国の総人口が減少しつづけることで、経済成長と人口増加を前提とした二〇世紀型の日本の社会システムが、否応なく変容せざるをえないからである。そのような状況下で、都市と農村、中央と地方、高齢者と現役世代と子ども、男性と女性、未婚者と既婚者、子どもがいる人といない人、共働きの世帯と片働きの世帯といった、さまざまな社会的線分に応じて、どのように新たな配分の原則をみいだしていくことができるのかが問われているのである。

くどいようだが、少子化や少子化対策を議論する際に、どのような対策がより有効かというスタンスで論じることには、あまり意義はない。むしろ「誰が、どのような少子化対策を支持しているのか。それはどのような資源配分の歪みにつながりうるのか」といった観点からの分析がなされる必要がある。そこで本章では、筆者が二〇〇四年一〇月から一一月にかけて関東甲信越地方のN県で行なった郵送調査「少子化と家庭生活をめぐる意識調査」（N県中部の一一市町村から満二〇歳以上の男女を無作為抽出した二、三六四人、有効回収率四八・一％）をもとに、これらの課題にアタックする。ついで東京大学文学部・社会学研究室が二〇〇五年一一月に行なった「福祉と公平感に関するアンケート調査」（全国の満二〇歳以上七九歳以下の男女三、〇〇〇人、有効回収率四四・四％）をもとに、先の分析結果を全国レベルに敷衍する。理論仮説としては、現在行なわれている少子化対策は、社会保障の制度設計におけるゼロ・サムゲーム、すなわち財やサービスの配分をめぐる利害対立の状況において、特定の属性をもつ層を優遇すると同時に、そうした利害対立を隠蔽する装置としても機能している、と考える。これをN県や全国調査の結果に基づきながら、少子化の原因と対策に対する賛否が性差、世代差、子の有無による差など、どのような社会的属性に基づいて異なるのかを実証的に確認することを通して論じていきたい。

2　少子化のメリット・デメリットに関する意識の世代差と性差

N県で行なった「少子化と家庭生活をめぐる意識調査」では、少子化がもたらす長所（メリット）、短所（デメリット）について一七項目を用意し、「どの程度そう思うか」を五件法で回答してもらった。これらの質問項目に対して因子分析（主因子法、バリマックス回転）を行った結果、四つの因子が抽出された（表3.1）。

第一因子は、「日本の国家・民族が衰退する」「子どもの自立性や社会性が損なわれる」「市場の規模が小さくなり、経済成長が鈍くなる」「若者が減るため、社会全体が活発でなくなる」「人口が減るため、ものが売れなくなり、不況になる」「受験戦争などの競争が減り、学力が低下する」の六項目からなる（表1ではより簡潔に表記した。以下同様）。社会全体に対するマクロな悪影響を評価する項目が多いことから、「マクロ短所因子」となづけることができる（クロンバックのα係数.769、以下α=.xyzと表記する）。

第二因子は、「大都市での交通渋滞が緩和される」「広い住宅に住めるようになる」「受験戦争などの競争が減り、ゆとりが生まれる」「ゴミの量が減るなど環境問題が緩和される」「一生のうち、子育てにかける期間が短くなる」の五項目からなる。社会全体というより、個々人にとってのミクロな好影響（長所）を評価する項目が多いことから、「ミクロ長所因子」となづけることができる（α=.704）。

第三因子は、「年金や医療保険など、現役で働く人の負担が増える」「お年寄りになってから、もらえる年金が減る」「現役で働く人の負担が重くなり、貯金しにくくなる」「過疎化が進む」

表3.1　少子化がもたらす長所・短所の因子分析

	項目得点	第1因子	第2因子	第3因子	第4因子	共通性
<第1因子：マクロ短所（α=.769）>						
国家・民族が衰退	3.556	0.723	0.009	0.104	0.056	0.408
子どもの自立性・社会性減	3.382	0.616	-0.004	0.024	0.037	0.326
経済成長鈍化	3.457	0.567	0.177	0.253	0.113	0.402
社会不活発に	3.970	0.535	0.090	0.339	-0.065	0.372
不況になる	3.288	0.524	0.174	0.243	-0.017	0.363
競争緩和による学力低下	3.134	0.441	0.244	0.048	0.052	0.230
<第2因子：ミクロ長所（α=.704）>						
交通渋滞緩和	2.331	0.123	0.704	-0.018	0.166	0.450
広い住宅に住める	2.174	0.035	0.629	-0.078	0.137	0.362
競争緩和によるゆとり	2.567	-0.017	0.548	0.009	0.050	0.252
環境問題減る	2.473	0.141	0.542	-0.059	0.081	0.277
子育て期間短く	3.169	0.184	0.353	0.100	0.036	0.166
<第3因子：ミクロ短所（α=.705）>						
現役の負担増える	4.578	0.145	-0.078	0.738	-0.053	0.398
もらえる年金が減る	4.407	0.085	0.003	0.723	0.008	0.367
貯蓄減	3.746	0.276	-0.002	0.409	0.177	0.247
過疎化進む	4.163	0.287	-0.008	0.347	0.087	0.185
<第4因子：マクロ長所（α=.697）>						
外国人の雇用増	2.848	0.132	0.315	0.087	0.800	0.380
女性高齢者の雇用増	2.884	-0.005	0.432	0.023	0.484	0.364
固有値		3.97	2.63	1.41	1.04	
寄与率（%）		13.2	11.9	9.7	5.9	
累積寄与率（%）		13.2	25.1	34.8	40.7	

主因子法、バリマックス回転後

の四項目からなる。個々人にとってのミクロな悪影響（短所）を評価する項目が多いことから、「ミクロ短所因子」となづけることができる（α=.705）。

第四因子は、「外国人の労働者が、もっと働けるようになる」「女性や高齢者が、もっと働けるようになる」の二項目からなり、社会全体にとってのマクロな好影響（長所）を評価する項目ととらえて、マクロ長所因子」となづけることができる（α=.695）。信頼性係数はやや低いが、これは項目数の少なさからくるものと考えられるので、因子としては残した。

これら四つの因子は、少子化の好影響（長所）／悪影響（短所）、個人に対するミクロな影響／社会全体に対するマクロな影響、という二つのパターン変数にしたがって整理することができる。そこで因子負荷量の高い項目（表中枠で囲った項目）を加算し平均点をとったものを、それぞれの尺度得点とした。

この四因子の尺度得点を、まずは性別で比較してみよう（平均値のｔ検定）。ミクロ短所、ミクロ長所については、女性のほうが男性よりも得点が高い（ミクロ短所：女性4.25＞男性4.15, t=-2.37, d.f.=803.1, p=.018、ミクロ長所：女性2.44＞男性2.34, t=-2.16, d.f.=1055, p=.03）。女性のほうが、長所についても短所についても、自らにとって身近な側面に着目しながら判断する傾向があるのかもしれない。

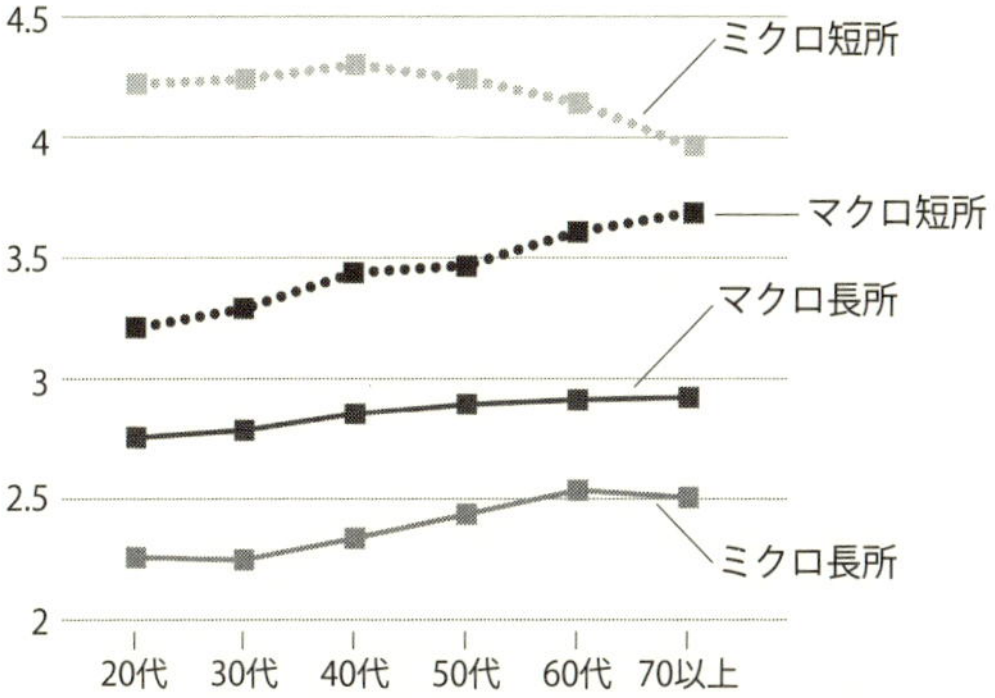

図3.2　少子化の長所短所の世代間比較

次いで、この四因子の尺度得点を一〇歳刻みの年齢、すなわち年代別に比較してみよう（一元配置分散分析）。マクロ長所以外は、すべて統計的に有意な差が認められる（図3.2）。

図3.2から以下のことが読み取れる。第一に、全世代を通して尺度得点の順位は同じであり、ミクロな短所が一位、マクロな短所が二位となる。ミクロ／マクロを問わず、少子化の短所・悪影響が強く認識されている。逆に、少子化の長所をあらわすマクロ長所得点、ミクロ長所得点は、五点平均で三点以下であり、どの世代においてもあまり強く認識されているとはいえない。

第二に、少子化の短所・悪影響に関しても、マクロな側面をより強く認識するか、ミクロな側面に着目するかには世代差がある。マクロな短所に関しては、年代が上がるにつれて得点も上がり、六〇歳以上の高齢世代ほど強く認識している。逆にミクロな短所は四〇代でもっとも強く認識されており、より高齢になるほどその認識は弱くなる。わかりやすく整理するなら、高齢世代は国家・民族の衰退や経済成長の低迷、学力低下など「天下国家」の立場から少子化の悪影響を憂えている。これに対して現役世代は働く人の負担が増える、もらえる年金が減る、貯蓄が減るといった、自らの「生活」にとって切実な観点から少子化の弊害を嘆いている。

逆に、どの世代でも少子化がもたらす長所や好影響には、あまり目が向けられていない。一九九〇年代以降、少子化が日本の将来を左右する重要な社会問題とされ、あの手この手の少子化対策が打ち出されてきた時代状況を考えれば、致し方ない結果といえるかもしれない。しかし少子化や人口減少が、個々の人びとや国土、地球環境に対して好影響をもたらすことはありうる。たとえば「大都市での交通渋滞が緩和される」「広い住宅に住めるようになる」「ゴミの量が減るなど環境問題が緩和される」といったメリットはその典型だが、これらのメリットに対する認識が少なくなると、人口が減っても、大都市圏や県庁所在地レベルの中都市に人口を集中させて、国土や福祉をより効率的に運営しようとする、ゆきすぎたコンパクト・シティの構想に対して十分に抵抗できない懸念が残る。

3　少子化対策をめぐる世代間、性別間、「子の有無」間の対立？

次に行政による少子化対策として、具体的にどのような政策をどの程度望むかをたずねた質問項目（一六項目）を、性別による差、世代による差、子の有無による差にわけて確認してみたい。これらの項目は「少子化対策は不要」という項目を除けば、二〇〇四年当時における少子化対策のリストとして、それなりに網羅的なものであった[19]。これらの各項目に関して一元配置分散分析を行い、各項目の得点の平均値に$p<.05$で統計的に有意な差が検出されたとき、多重比較を行った結果が表3.2である。

性差に関して有意差がある項目では、一つ（子どもを産まない人の税負担強化）を除いてすべて、女性のほうが男性よりも対策の実施を望む割合が高い。とりわけ「保育サービス充実」、「男女ともに仕事子育てに責任」、「子育て中の男女がともに働ける環境」、「男性が育児休暇をとりやすいように」など、仕事と子育ての両立支援に該当する項目が多い。これに児童手当

19　一九九〇年代以降の少子化対策のリストや政策過程を検証したものとして、増田（二〇〇八）がある。

表3.2　少子化対策に望むことの性差・世代差・「子の有無」による差

少子化対策として望むこと	mean	s.d.	性差	世代	子の有無
保育サービス充実	3.29	0.70	女性>男性	30>50	
男女ともに仕事子育てに責任	3.31	0.66	女性>男性	20>50〜、30>40〜、40>50	
次世代育成支援	3.37	0.63			有>無
児童手当（現金給付）	3.21	0.77	女性>男性		
子育て世帯の税負担軽減	3.32	0.75		20>50〜、30>40〜、40>50	有>無
子育て中の夫婦がともに働ける環境	3.45	0.65	女性>男性		
子どもを産まない人の税負担強化	2.13	0.90	男性>女性	70>20〜50、60>20・30・50、	有>無
現役世代の年金・医療保険の負担増	1.84	0.67		70>20〜50、60>20・40、	
高齢者の年金給付減	1.84	0.71		20>60〜、30>70、40>60〜	
景気対策	3.38	0.70	女性>男性	70>20	有>無
女性や高齢者が働きやすい環境	3.40	0.63	女性>男性		
外国人が働きやすい環境	2.30	0.79			
若者の就業支援	3.44	0.63	女性>男性	70>20・30、50>20・30	有>無
男性が育児休暇とりやすいように	3.14	0.78	女性>男性	30>60	
結婚・出産の奨励	3.12	0.83		70>30〜50、60>30〜50、	有>無
少子化対策は不要	1.69	0.86		70>20〜40・60、50>30・40	

p<.05 を抽出

（現金給付）の増大、景気対策、女性や高齢者、若者の就業支援などが続く。総じてこれらは、現在行われている少子化対策のメニューにほぼ等しい。逆に「外国人が働きやすい環境」といった項目には人気がなく、「結婚・出産の奨励」「高齢者の年金給付減」といったように、当時の少子化対策としていささか特異な出張を行なっている項目では性差が検出されない。これらのことから総合的に判断すると、一九九〇年代以降、とりわけ仕事と子育ての両立支援を重視する「男女共同参画」型の少子化対策は、女性の要望をポピュリスト的に汲み取った政策体系であったと解釈してよいように思われる。

世代差に関しては、いくつもの項目で「はい」と答える割合に統計的な有意差がある。表2のうち、薄い網かけにした項目は、六〇代・七〇代の高齢世代がより強く望んでいるものである。具体的には、「子どもを産まない人の税負担強化」「現役世代の年金・医療保険の負担増」「若者の就労支援」「結婚・出産の奨励」である。「税負担強化」「負担増」「奨励」など、とりわけ現役世代に負担や行動を求めている姿が浮き上がる。

逆に二〇・三〇代で、子育て期間中にあるとみられる現役世代が強く望んでいるのは、表中で濃い網かけで示した項目で、「子育て世帯の税負担軽減」「高齢者の年金給付減」「男女ともに仕事子育てに責任」「男性が育児休暇をとりやすいように」である。こちらは、自らの世代に対する「税負担軽減」や男性の働き方の見直しに焦点をあてている。

この結果を単純化するならば、少子化にともなう年金・医療などの負担増、労働力人口の不足という「痛み」の分配を、高齢世代は現役世代の負担増という形で、現役世代は負担減という形で求めている。高齢世代と現役世代が「痛み」を押しつけあっている構図がみえてくるといえば、うがちすぎだろうか。

利害が対立するのは、世代間だけではない。子どもをもつ／もたないというライフスタイルの差によっても見解の相違は生まれてくる。子どものいる人が、いない人にくらべてより強く賛成しているのは、「次世代育成支援」「子育て世帯の税負担軽減」「子どもを産まない人の税負担強化」「景気対策」「若者の就業支援」「結婚・出産の奨励」などである。その逆、つまり子どものいない人がいる人よりも強く望む項目は存在しない。「子どもをもたない人も、子どもが不要なのではなく、産みたくても産めないだけだ」などと無理な解釈をもちだしさえしなければ、子どもをもたない人が、もつ人にくらべて少子化対策に積極的でないというのは、しごく当然の傾向であるように思われる。しかし少子化対策の名のもとに行なわれる財やサービスの再配分は原則的に、子どもをもたない人からもつ人への所得移転の形をとる。Win-Winの関係をめざす景気対策とは異なり、少子化対策や年金などの社会保障は、本質的にはゼロサムゲームの側面をもつからだ。少子化対策の名のもとに、子どもをもつ人はもたない人に対して、どの程度の所得移転やサービス供給を要求することが正当化されるのだろうか。

この問題を考えるとき、小塩(二〇〇五)の指摘は興味深い。小塩によれば「社会保障改革は一種のゼロサムゲームであり、すべての世代を同時にハッピーにすることはできない」。だから「少子化を所与として社会保障改革を議論する場合、どうしても給付削減の問題が出てくるので話が暗くなる」。ところがこの点を認識すればするほど、「少子化対策で子供を増やせというのは、だれにも迷惑がかからない結構な話である。政府も企業もどんどんやってください、ということになる」。そんなわけで、少子化そのものを食い止めようとしたり、少子化の影響を減殺しようとするタイプの政策が花盛りとなる。「しかし、そうした政策の効果のほどはよく分らない。少子化対策の主張は、聞こえはいいが言いっ放しの空論であることが多い。だれもまともに反対できない主張ほど、議論の中身は空疎になりがちである」（小塩二〇〇五、二七頁）。

本章では、少子高齢化や人口減少「問題」の本質を、人口減少の過程で財とサービスをいかに分配すべきかという観点から考えるべきと提案してきた。この観点からすると、小塩の論述は説得的である。少子化対策は、それがいかなるものであれ、国の予算を使って財とサービスの再配分を伴っている（そのような性格をもたないのは、せいぜい「結婚・出産の奨励」くらいか）。少子化対策の政策リストには世代間の利害対立、子どもをもつ／もたないというライフスタイルに関わる利害対立、性別間の利害対立が本質的に組みこまれているわけである。人口が減少し、経済規模が縮小することがほぼ確定している二一世紀の日本においてこの問題は、不均等発展ならぬ「不均等縮小」という状況を生み出しかねない。負担の分配において、得をするのは高齢世代なのか、子をもつ者なのか、共働きで働く者なのか。必要なのはあくまで、少子化に伴う負担を分配するときの原則は何であるべきなのか、という問いである。

4 全国調査からみる少子化対策への性差・世代差・未婚／既婚・都市規模の差

つぎに東京大学文学部・社会学研究室が二〇〇五年一一月に行なった「福祉と公平感に関するアンケート調査」をもとに、「少子化と家庭生活をめぐる意識調査」によってN県で確認された傾向が、全国調査でも再現されるかどうか確認したい。この調査は「少子化と家庭生活をめぐる意識調査」のほぼ一年後に行なわれており、それ以降の少子化対策における新たな展開を踏まえた傾向を検知できるかという観点からも、検証する必要がある。

この調査では少子化の対策として、どのような方法がよいと思うかについて、左記の七つの項目をあげて尋ねている。簡便化のため、以下のように表記を統一する。

「働きながら出産や子育てができるようみ仕組みをつくる」→（仕事と子育ての）両立支援

「母親が出産や子育てに専念できるような仕組みをつくる」→母親育児専念

「出産や子育てが経済的な負担とならないよう、金銭的な支援をする」→金銭的支援
「子どもを産み育てることの幸せについて、人びとの理解を促す」→産育理解促進
「男女の出会いの場を増やす」→結婚支援
「少子化が進んでも困らないように、高齢者向けの社会保障を見直す」→社会保障見直し
「対策は特に必要ない」→対策不要

それぞれの項目に対し「はい」と答えた人の割合を図3.3に示し、さらにそれを性別、年代別、都市規模（政令指定都市〔東京都市部、札幌市、名古屋市、大阪市など一五大都市〕／人口二〇万人以上の都市／人口一〇万人以上の都市／人口一〇万未満の都市／町村）、未婚／既婚の別に応じて独立性のχ^2検定を行い、p<.05で統計的に有意な項目を表3.3に示した。

図3.3から、それぞれの政策の人気度が明らかとなる。人気が高いのは「両立支援」と「金銭的支援」である。「社会保障見直し」と「母親育児専念」の二項目は、現在の少子化対策のリストには存在しない興味深い政策だが、前二者にくらべると「はい」と答える割合は高くない。

性別、年代別、都市規模、既婚／未婚の別による違いも確認しておこう（表3.3）。

性別に関して有意差のある項目は、ほとんどすべて女性のほうが男性よりも「はい」と答

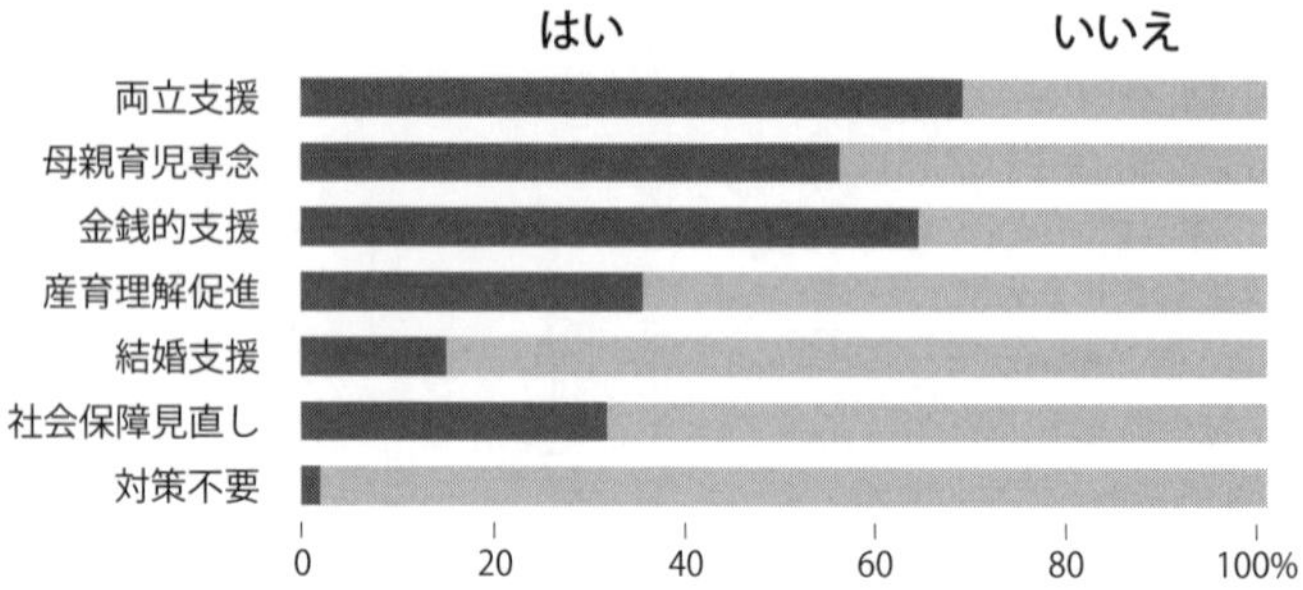

図3.3　望ましい少子化対策

える割合が高い。N県調査でも検討したように、これらの政策リスト、とりわけ両立支援と金銭的支援は、女性の要望をポピュリスト的に汲み取った政策体系であるように思われる。ただし唯一の例外は「結婚支援」で、これのみは男性のほうが「はい」と答える割合が高い。結婚支援は、二〇〇六年六月に少子化社会対策会議が決定した「新しい少子化対策について」のなかで、「結婚相談事業等に関する認証制度の創設」として取り入れられたものであり、それまでの少子化対策にはみられなかった新種の対策である。

年代別にみても興味深い結果が得られている。三〇・四〇代という子育ての現役世代は、仕事と子育ての両立支援をより望んでいる。他方、五〇代の人びとは「母親が出産や子育てに専念できる仕組み」を他の世代よりも望んでいる。この世代は一九四六～五五年生まれのいわゆる団塊の世代であり、彼らの多くが子どもを産んだと考えられる一九七〇年代

表3.3　望ましい少子化対策の性差、世代差、都市規模差、未既婚による差

望ましい少子化対策	性別	世代	都市規模	未既婚
両立支援	女性＞男性	30、40代＞その他	政令指定都市＞その他	
母親育児専念	女性＞男性	50代＞その他		既婚＞未婚
金銭的支援	女性＞男性	その他＞70代		
産育理解促進				
結婚支援	男性＞女性			
社会保障見直し	女性＞男性		10万未満都市＞その他	
対策不要				

「はい」の割合(p<.05のみ)

は、いわゆる戦後の主婦体制が完成した時期でもあった（落合二〇〇四）。専業主婦率がもっとも高かった時期でもあり、こうした世代経験が回答に影響を与えている可能性もある。また子育てに対する金銭的支援については、七〇代のみ「はい」と答える割合が低い。子育ての金銭的支援は、それを大規模になされる場合には、社会保障における財の配分を、現役世代に対して有利に配分し直すことをも含意している。前節でみた世代間対立の一端が、ここに現れているといえようか。

ところで全国調査ならではの項目といえるのは、調査対象者の居住地の、都市規模による違いである。特徴的なのは両立支援で、政令指定都市に住む人のほうが「はい」と答える割合が高い（χ^2=13.489, d.f.=4, p=.009, Cramer's V=.101）。ちなみに既婚女性を「フルタイム従業／パートタイム従業／自営／無職」の四つの従業形態に分類し、χ^2検定を行ったとこ

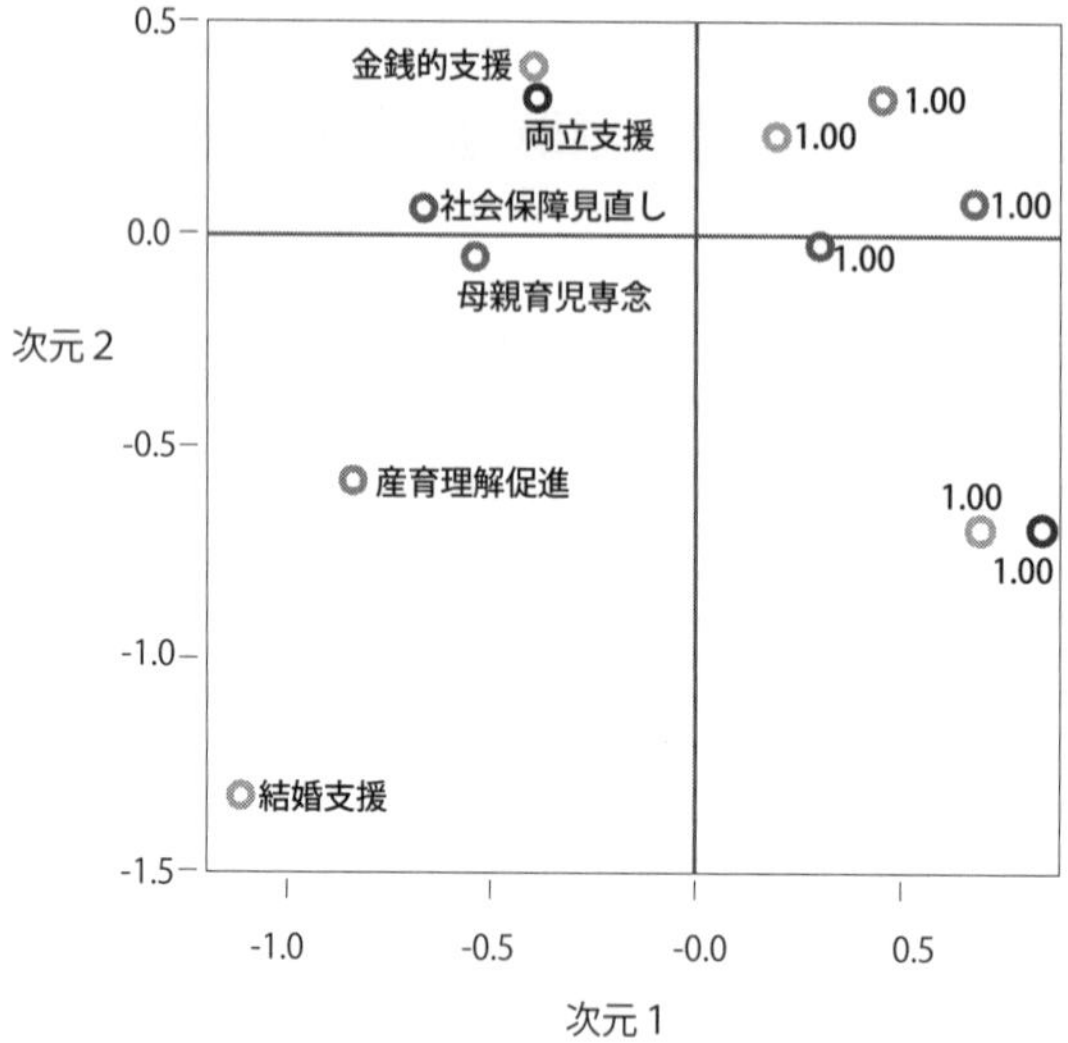

図 3.4　望ましい少子化対策の等質性分析

ろ有意であった（χ^2=11.555, d.f.=3, p=.009, Cramer's V=.155）。この結果と残差を見ると、フルタイム従業の既婚女性は両立支援に賛成する割合が高く、自営の女性は反対する割合が高い。前節で、仕事と子育ての両立支援と、女性の要求をポピュリスト的に汲み上げた政策ではなかったとの解釈を示したが、ここではさらに両立支援は、大都市の共働きで働く女性向けの政策ではなかったか、という解釈をつけ加えることができそうだ。

さらに六つの政策リストの近さと遠さを、等質性分析によって分類したのが図3.4である。この散布図には、似たような回答パターンを示す質問項目が二次元上に近接して配置されている。つまり質問項目相互の近さや遠さを表すことができる。この図からは次のことがわかる。第一に、両立支援と金銭的支援の位置関係がきわめて近い。第二に、社会保障見直しと母親育児専念の位置もまた近い。第三に、結婚支援と産育理解促進は、それぞれどの政策リストとも離れた、独立した位置関係にある。

5　結婚支援を求める未婚男性とモテ格差社会

このように、同じ少子化対策のリストといえども、性別や世代や都市の規模や未既婚という属性の違いに応じて、人びとがそれに与える意味づけは異なる。一九九〇年代からこのかた、少子化対策の根幹とみなされてきたのは、仕事と子育ての両立支援が少子化対策にもなるという「男女共同参画社会の実現」路線であった。現在はこれが「ワーク・ライフ・バランス」という標語に受け継がれている。これに対して〇〇年代の自民党政権の末期になってから急速に登場してきた少子化対策の新機軸が結婚支援、いわゆる「婚活」支援である。すでにみたように両立支援と結婚支援は、少子化対策のリストのなかでは遠い位置関係にある。もっとも人口学が教えるところによれば、出生率の低下は、「結婚しないこと」の効果（既婚率の低下）と

「結婚した夫婦が産む子どもの数が減ること」の効果（有配偶出生率の低下）に分解することができ、前者の効果と後者の効果は約二：一といわれている（廣嶋 一九九九、赤川 二〇〇四：一四〇）。つまり出生率の低下に対しては、有配偶者が産む子どもの数が減ることよりも、結婚しなくなることの影響（寄与度）のほうが約二倍強いわけである。両立支援は有配偶出生率の低下を、結婚支援は既婚率の低下をターゲットにあてたものとみることができる。したがって「婚活」支援がうまくいけば、両立支援の約二倍の効果があると述べることさえ許されそうだ。

むろんそれは悪い冗談である。しかし両立支援は、結婚して、仕事と出産・育児を両立させたいと願う、ある意味で「特殊な」ライフスタイルを選択した男女（夫婦）が何人子どもを持とうとするか、という限定的な問題にすぎない。これに対して結婚支援は、結婚そのものがいかにして可能か、そこに国や政府がいかに支援（という名の介入）を行なうことができるのかという、より根源的な問題を提起している。このように相異なる支援のあり方の賛否に対して、年齢、性別、ジェンダー、学歴（教育年数）といった個人の属性、未婚／既婚の別、子どもの有無、世帯年収といった家族（世帯）の属性、さらには居住地（都市規模）といった地理的・生態学的な諸独立変数のうち、どれがどの程度影響を与えるか。また二つの支援に関して、そ

表3.4　両立支援・結婚支援のロジスティック回帰分析　(N=1,122)

独立変数	両立支援		結婚支援	
男性ダミー	-0.345	*	0.396	*
年齢	-0.017	**	0.020	**
未婚ダミー	-0.625	**	0.478	+
子ありダミー	0.141		-0.233	
政令指定都市ダミー	0.202		-0.231	
20 万以上都市ダミー	-0.406	+	-0.066	
10 万以上都市ダミー	-0.178		-0.336	
10 万未満都市ダミー	-0.076		0.105	
教育年数	0.122	**	0.040	
個人年収	0.054		0.005	
Nagelkerke R2	0.091		0.035	

* p<.05, ** p<.01, + p<.15

のような影響の与え方がどう異なるかを確認することはあながち無駄ではあるまい。

そのため両立支援と結婚支援への賛成を従属変数とし、性別、年齢、未婚／既婚の別、世帯年収、都市規模、学歴（教育年数）を説明変数とするロジスティック回帰分析を行なった。その結果が表3.4である。

両立支援については、男性であること、年齢が高いこと、未婚であること、二〇万以上の都市に居住することが、「はい」と答える確率を低める。逆に、教育年数が高くなることは「はい」と答える確率を高める。都市規模については、単純なクロス集計とχ^2検定では「政令指定都市＞それ以外」であったが、ここでは二〇万以上の都市に有意差が現れており、若干矛盾する結果となる。しかしいずれにせよ、町村とくらべて大都市に居住する女性のほうが、両立支援に賛成しやすい傾向は変わらない。ありていにいえば高学歴で、大都市に住む、若い既婚女性は、仕事と子育ての両立支援に賛成する傾向が強い。これまで検討してきた知見を、再確認するような結果である。

これに対して結婚支援は、対照的である。男性であること、年齢が高いこと、未婚であることが、「はい」と答える確率を高める方向に作用する。ありていにいえば、年齢の高い未婚男性は、「男女の出会いの場を増やす」という結婚支援に賛成する傾向が強い。

このような違い、すなわち学歴の高い都市部の既婚女性が仕事と子育ての両立支援を政府に要求し、未婚で年齢の高い男性が結婚支援を求めるという違いを、どのように考えたらよいのだろうか。少子化対策を利害隠蔽装置として論じてきた本章の立場からすれば、性別（ジェンダー）間の利害対立として解釈してもよいところだ。あるいは既婚女性と未婚男性の立場の違い、と結論づけたくなるところでもある。ただし本調査の質問項目が「男女の出会いの場をもっと増やす」となっていることに、少しこだわってみたい。

本章では、この質問項目を「結婚支援」として少子化対策の文脈に位置づけてきた。しかしいうまでもなく「男女の出会い」すなわち恋愛と、結婚とはイコールではない。少子化対策はそもそも恋愛、結婚、出産というライフコースを前提とした政策だが、結婚の手前に存在するはずの恋愛やセックスの機会の不均等、すなわちもてる／もてない（モテ格差）の格差の問題は、この政策的文脈のもとでは捨象されざるをえない。逆の言い方をすれば、結婚支援という政策の背景には、恋愛機会の均等／不均等という、より本質的な問題が潜んでおり、このことを等閑視するがゆえに、少子化対策は空転し続けざるをえないのかもしれない（だからといって、少子化対策が恋愛格差やモテ格差という「個人的な」問題にまで容喙すべきかどうかは、別の問題だが）。

恋愛格差やモテ格差を文字通りの意味で、すなわち人びとが恋愛したりセックスしたりする機会の直接的な均等／不均等の問題と捉えるならば、そのことを測定するのは、本章で行ってきた実証分析の範疇をこえるし、少なくとも現存する社会調査では企画困難な課題である。そもそも現在の格差をめぐる語りにおいて、恋愛格差やモテ格差は、取るに足らない格差として、あるいはそもそも格差問題になじまない題材として、ほとんど無視されてきた。しかし桶川（二〇〇八）が指摘するように、恋愛をめぐる雑誌記事では「恋愛できないのは、モテないのは、その人の内面に責任がある（例：コミュニケーション能力不足）」とする言説が、大手を降ってまかり通っている。「恋愛は誰にでもできる」というイデオロギーのもと、恋愛自由競争が行なわれるわけだが、その結果としての恋愛弱者（もてない人）は、本人の「内面」に問題があるとして、さらに社会から石もて打たれるわけである。ここにモテ格差社会ならではの過酷さがある[20]（赤川二〇〇七）。

年齢の高い未婚男性が、「男女の出会いの場を増やす」という政策に賛成しやすいという事実が、そうしたモテ格差社会の構図の一端を象徴しているといえば、うがちすぎであろうか。

20　もっとも格差問題の元凶としてしばしば名指しされる小泉純一郎・元首相は、かつて国会答弁にて「私だって、能力のある人。ああ、うらやましいなとか、ああ、あいつ、随分女性にもてるなとやきもちを感じるようなことも間々ありましたよ」と述べており（衆議院予算委員会、二〇〇六年三月二日）格差問題の根源にモテ格差が存在することに、気づいていたようではある。

◉文献

赤川　学　二〇〇四『子どもが減って何が悪いか！』ちくま新書．

———　二〇〇七「モテ格差がもたらす少子化」『青少年問題』No.626 pp.2－7.

廣嶋清志　一九九九「結婚と出生の社会人口学」目黒・渡辺編『講座社会学2　家族』東京大学出版会 pp.21－57.

稲葉昭英　二〇〇五「家族と少子化」『社会学評論』社会学評論編集委員会 Vol.56 No.1 pp. 38－54.

増田雅暢　二〇〇八『これでいいのか少子化対策』ミネルヴァ書房．

松谷明彦　二〇〇七『二〇二〇年の日本人』日本経済新聞出版社．

落合恵美子　二〇〇四『二一世紀家族へ』有斐閣選書．

桶川　泰　二〇〇八「親密性をめぐる「新たな不安」：雑誌記事における「モテる」「モテない」格差の説明原理」『ソシオロジ』Vol.52 No.3 pp.155－171.

小塩隆士　二〇〇五『人口減少時代の社会保障改革』日本経済新聞社．

◉第 4 章◉

社会問題の歴史社会学をめざして

1　構築主義における歴史研究の現在

スペクター&キツセの『社会問題の構築』（Spector & Kitsuse 1977=1990）の翻訳刊行を一つの画期とするならば、構築主義が日本の社会学界に本格的に導入されてから、はや四半世紀を越える。この間、構築主義を理論的背景とするような歴史研究はいくつか試みられているが（赤川 一九九九、佐藤 二〇〇六）、佐藤雅浩氏の『精神疾患言説の歴史社会学』（佐藤 二〇一三）は、構築主義に基づく歴史研究の現在を知るための格好の素材となろう。この書は創刊以降の『讀賣新聞』『朝日新聞』を中心とする一一、〇〇〇件以上の新聞記事を対象に、「精神疾患について人々が思考し、討議し、また暗黙のうちに共有していた観念についての歴史研究」（佐藤 二〇一三：一〇）として、気狂、神経衰弱、ヒステリー、外傷性神経症、ノイローゼといった病名の流行とその社会史的原因を解明しようとする。

本論文が注目するのは、この労作が、構築主義的な「観念の歴史」のアプローチと、T・スコッチポルを中心として、ある歴史的現象が生起する要因を比較に基づいて特定する比較歴史社会学の架橋を果たしている点である。前者については、I・ハッキングのいうループ効果、すなわち「あるカテゴリーの創出によって人間の行為やアイデンティティが変容させられるという側面だけではなく、そこで変容させられた人々の意識や実践のあり方が当該カテゴリーそのものを再帰的に変えていく」プロセス（佐藤 二〇一三：四九）が強調される。佐藤によれば、ここには「既存の社会構築主義的研究が明示的には探究してこなかった、【カテゴリー】と【カテゴライズされた対象】についての、相互に影響しあうメカニズムが示唆されて」いる（佐藤 二〇一三：五〇）。「ある精神疾患に関する言説の成立、変容、混淆、消失といったプロセスを、精神医学者らによって実践された医学的カテゴリー創出の効果として捉えると同時に、そこには実態としての患者の出現、経験の変容、医者－患者の再編などが大きく影響していた」（佐藤二〇一三：五二）という。

具体的には、神経衰弱について語る精神科医が「マスメディアを通じて自らの姓名と病院名を世間に知らしめるとともに、新しい診断名を流布されることによって、潜在的な患者層の発掘」（佐藤 二〇一三：一八三）を行うのが医学的カテゴリー創出の効果、一九六〇年代にマスメディアを媒介として、ノイローゼに悩む「病める主体が産出された後、彼らの存在を根拠として、ふたたび当該の疾患に関する医学的言説が構成されていく、循環的な過程」（佐藤 二〇一三：三九九）と呼ばれるものが、「実態」が言説を生み出すプロセスに該当するであろう。

こうした歴史分析を既存の構築主義が全く行ってこなかったかといえば、必ずしもそうとはいえないが、佐藤の試みが構築主義の最良の部分を継承する歴史分析であることに疑念の余地はない。

他方で後者に関して佐藤は、様々な精神疾患カテゴリーが特定の時期に流行する諸要因を探求するために、スコッチポル流の比較歴史社会学の方法を採用する。具体的には神経衰弱、ヒステリー、外傷性神経症、ノイローゼという四つの精神疾患の流行の背景に、医学研究、医療体制の状況、経済的要因、病気の性質、社会問題化の背景といった計一四の要因を想定したうえで、一致法と差異法にもとづいて、帝大医学部の関与、精神医療体制の変動期、病院の不明確さ、政治的抑制因子の不在という四つの要因が言説の大衆化に影響を与えたと結論している（佐藤 二〇一三：四四八）。いっけんすると被説明項となる事例が少ないようにみえるが[21]、比較歴史研究法の王道を採用して、首尾一貫した結論を導いている点は、むしろ高く評価されるべきであろう。

21　一部の社会学研究者からは、たった四例では事例数が少なくみえるかもしれない。手法としても、一致法・差異法の併用よりも、ブール代数に基づく質的比較分析を使ったほうがよいという判断もあり得る（もっともそれこそ、わずか四例では質的比較分析は使いづらい）。事例研究における事例数の問題は古くて新しいテーマであるが、歴史研究において事例数の少なさをことさら強調するのはフェアな批判とはいえない。言うは易し、というやつである。

		a 神経衰弱	b ヒステリー	c 外傷性神経症	d ノイローゼ
	流行の有無	＋	＋	−	＋
	時期	1905 〜	1900 〜		1955 〜
医学研究	海外	＋	＋	＋	＋
	国内	＋	＋	＋	＋
	帝大医学部の関与	＋	＋	−	＋
医療体制の状況	開業医による主導的関与	＋	−	−	−
	エリート医師による啓蒙	−	＋	−	＋
	精神医療の変動期	＋	＋	−	＋
経済的要因	高階層の患者	＋	±	−	±
	保険診療	−	−	＋	＋
病気の性質	病因の明確さ	−	−	＋	−
	産業化との関連	＋	−	＋	＋
	客観的な症状	−	＋	−	−
社会問題化の資源	契機となる事件	＋	−	−	−
	危険な患者像	±	＋	±	±
	政治的抑制因子	−	−	＋	−

図 4.1　精神疾患の流行を導く可能性がある諸要因（佐藤 2013：448）

周知の通りスコッチポルは、歴史社会学における調査戦略を、(1)歴史事象を説明すべく単一の一般モデルを適用する第一類型（エリクソン、スメルサーら）、(2)有意味な歴史的解釈をすべく、諸概念を利用する解釈学型（トムソン、ギアーツら）、(3)歴史における因果的規則性を分析する分析型（ムア、レイガンら）の三つに分類する（Skocpol 1984=1995：336）。「分厚い記述」に基づく社会史は(2)の解釈型に、ある歴史事象が生起する必要条件や十分条件を、複数の時期や社会に分けて探求する比較歴史分析（＝質的比較分析に基づく歴史社会学）は(3)の分析型に分類されるであろう。この分類枠組みに従うならば、これまでの構築主義的な歴史研究の多くは、人々が事象や経験に与える意味を重視してきたという点で⑵に分類されると思われるが、佐藤の試みは⑵型の土台に立ちつつ、⑶の取り組みに果敢にチャレンジしたものと考えられる。

2 三つの「説明」

前節でみた精神疾患言説の流行に限らず、ある言説やレトリックが発生、流行、維持、消滅するプロセスとその条件を探求してきたのが、社会問題の構築主義アプローチ（の一部）であった。ほとんど忘れ去られているが、M・スペクター&J・I・キツセもまた社会問題理論における中心的課題を、「クレイム申し立て活動とそれに反応する活動の発生や性質、持続について説明すること」と定式化していた（Spector & Kitsuse 1977=1990：119、赤川 二〇一二：二九）。またH・ブルーマーに始まり、キツセを経由して、J・ベストやD・ロウスキに受け継がれた「社会問題の自然史モデル」は、「いかにして、なぜ、他でもなく特定の状態が社会問題として構築されるのか」を問うている点で共通しており、そこで「なぜ」の問い、すなわち因果的説明が放棄されているわけではない。

他方、欧米の歴史社会学を見渡したとき、歴史事象における「因果関係」の「説明」に関して、複数の可能性が存在していることに気付かされる。この点に関して簡にして要をえた要約を行っている保城広至によれば、因果的説明は、⑴ある事実がなぜ起こったのかという「なぜ疑問（why question）」に答えて、因果関係を解明する「因果説」、⑵従来ばらばらに説明されていた現象を一つの理論で捉える「理論の統合説」、⑶「何であるか疑問（what question）」に答えて、ある状態や性質を記述・描写する「記述説」の三つに分けられる（保城 二〇一五：四八－五七）。

保城によると、特定的で個別的な人々、特にマイノリティを叙述する社会史や生活史、さらには「原因と結果」も社会的に構成されたにすぎないと考えたり、規範やアイデアが構成されていることさえ「説明」と呼ぶ社会構成主義は、記述説の立場に近いとされる。保城は明確に述べていないけれども、M・フーコーの強い影響下、近代社会において顕著となった事象、たとえば監獄・学校・工場における規律訓練型権力や、セクシュアリティの生権力の起源を探る系譜学的な研究、さらにフーコーとエスノメソドロジーを折衷しつつ、研究者自身が当事者として巻き込まれている権力関係をマッピングする制度のエスノグラフィ（Smith 2005）なども、記述説の側に立つ研究といえるであろう。

もちろん構築主義に属する研究者が、いっさいの因果関係に関する記述や想定を行っていない、というのは言いすぎである。たとえば「私たちは因果関係という発想もとらない」と述べる中河伸俊でさえ、「やりとりの中で実際に語られたことをデータにして、そこで何が語られず、どのような言説の可能性が排除されたのかについてのポスト構造主義的な分析」の可能性を否定していない（中河 一九九九：四九－五〇、ただし推奨もしていない）。「ある時空間において、なぜ言説Aが語られ、言説Bが語られないのか」、あるいは「言説Aから言説Bへの変化は、いかにして、なぜ生じたのか」という問いは、フーコー流の言説分析の根本的な問題関心であるとともに、すでに確認したように社会問題の自然史モデルにも受け継がれている。そこで因果連関の説明が完全に排除されているわけではない。

たとえばJ・ベストの『悪の統制』（Best 1998）は、一八六〇～八〇年代にかけてのセントポールでの警察による売春統制の歴史記述であるが、このような短期間であってさえ、統制のありようが、懲罰により逸脱の根絶を目指す禁止（prohibition）から、逸脱生起を妨げる予防（prevention）へ、さらに逸脱行動が生起する環境をコントロールする規制（regulation）へと転化していくさまを指摘している。ベストによれば、こうした移行が「社会統制戦略の自然史」の典型例である（Best 1998：123）。

また古くはR・J・トロイヤーとJ・E・マークルの『タバコの社会学』は喫煙に関する意味変化（「兵士に不可欠の慰安」から「健康に有害」へ）や禁煙規則の創出過程を扱うにあたり、「ある状態の原因論よりも、ある状態についての意味の原因論」に分析の焦点を合わせ、「逸脱カテゴリーの歴史的起源や、そうしたカテゴリーを支持したりそれに反対したりする社会的な勢力を発見」する知識社会学の立場を宣言している（Troyer & Markel, 1983=1992 : 19）。この翻訳に関わった中河自身も、彼らの資源動員論的スタンスには批判的ながらも、「ある【問題】についての、公共のアリーナで対抗しあう複数のクレイム申し立てのうちのあるものが他のものより成功を収める理由を、クレイム自体の性質のなかにさぐる努力を、もっと積み重ねる必要があろう」と述べており、因果的説明をすべて否定しているわけではないようにみえる[22]（中河 一九九二：二一三）。

一つの社会や集団における言説の意味や強調点が時間的経過の中で徐々に変化していくとき、そうした変化がなぜ生じたかを論じることを、構築主義が放棄したわけではないし、そうすべきでもないと、筆者は考えている。むしろ問題になるのは、歴史的事象における因果関係の説明がいかに適切たりうるかという、社会科学の原理に関わる方法論的問題であるように思われる。

3　過程追跡としての歴史分析

してみるとここでの問題は、キング、コヘイン、ヴァーバの『社会科学のリサーチ・デザイン』（King, Keohane & Verba 1994=2004）以降、単一事例や少数事例では因果関係を特定するには不十分とする批判と深く関連しているように思われる。

この批判に対して事例研究の側は、統計的研究では捉えきれない因果連鎖や因果メカニズムの解明を志す「過程追跡 process tracing」という方法を洗練させつつある。たとえばA・ジョージとA・ベネットによれば、過程追跡は犯罪捜査を行う探偵のようなものであり、「探偵は通常数人の容疑者や手掛かりを探す際に、犯行現場からさかのぼり、また判明している容疑者たちの最後の居場所からその先を類推して、考えられる時系列の記録や因果経路の可能性を構築する」という（George & Bennett 2005=2013：242）。具体的には、ある結果がもたらされたプロセスを追跡することで、同じ結果に至る異なる因果経路（同一結果帰着性）、異なる結果

22　ちなみにこの提言が、のちに言説至上主義とも評される『セクシュアリティの歴史社会学』（赤川 一九九九）を執筆するにあたり、筆者を突き動かした最大の要因の一つであったことを告白するにやぶさかではない。

に至る同じ因果要因、いくつかの出来事が特定の経路を妨げ別の結果をもたらす経路依存、説明変数同士が独立せずに相互作用するケースなど、単数・複数の潜在的因果経路を示すことができる。それゆえ初歩的な比較では見逃されがちな変数の発見や、擬似相関の点検が可能になるという。構築主義を標榜する歴史社会学も、彼らの姿勢に学ぶ必要があるのではないか。

また保城広至は近年、過程追跡を発展させて、「過程構築 process-creating」という新たな方法を提起している（保城 二〇一五）。それはまず、「問題が観察され、その問題を引き起こしている原因は何かと問い、さまざまな作業仮説を立てては消し、それを繰り返して最終的に最も適当と考えられる結論に至る」（保城 二〇一五：一二〇）アブダクションという推論方法に基づいて、「ある社会現象が観察された際に、それはなぜ生じたか」という構造的な問いを立てる。次いで事例をイシュー、時間、空間で限定し、特に時間が変われば同種の事例を複数としてカウントする「全事例枚挙」を行い、事例ごとに結果を引き起こしうる複数原因の存在／不在を比較する。そうして、ある原因が結果の十分条件となっているか、またある原因と別の原因が相互作用しているかどうかなどを確認する手法である。ここでは一つの社会や集団や個人（単一事例）であっても、時期を区切って被説明事象の発生／不在をカウントして複数事例として扱うことで単一事例批判を回避し、被説明事象（ある出来事が発生した、とか、ある政策が成功／失敗したとか）を生み出す原因の複雑なあり方を特定しようとする。この点に関しては、ブール代数を利用した質的比較分析に限りなく近い。

むろんこうした歴史研究の方法論を、構築主義者が一朝一夕に自家薬籠中のものにすることは簡単ではない。特に社会のメンバーが遂行する原因帰属や意味づけとは独立に、研究者が事象の生起や変容に関する因果的説明を行うことに対して懐疑的な構築主義者にとっては、手法の習得以上に、こうした因果的説明を軽視する雰囲気があるからだ。しかし、たとえば質的比較分析は、レイベリング理論の大御所であるH・ベッカーが『社会学の技法』（Becker 一九九八＝二〇一二）のなかで推奨する手法でもある。ベッカーが推奨しているから大丈夫だと権威主義的に述べるつもりはないが、構築主義者も柔軟にこうした発想法を取り入れていく余地はあるのではなかろうか。

4　少子化対策の比較歴史社会学

そこで課題とすべきは、スコッチポルや質的比較調査に比肩しうる比較歴史社会学（特に保坂の過程構築）の手法を実際に日本の社会問題の構築プロセスに応用してみることではなかろうか。本論文では一九九〇年代以降、日本最大の社会問題とされるに至った少子化問題と、それをめぐる対策を題材に、この試みにトライしてみたい。

まず、少子化対策を「過程構築」の方法に基づいて解析するためには、どのような方法がありうるだろうか。保坂（二〇一五）に倣うならば、少子化対策によって得られた結果変数を作成し、これに影響を与えうる要因を特定しなければならない。

結果変数を作成するにあたっては、合計特殊出生率が、ひのえうまの異常値をさしたる理由もなく下回ったことが判明した「一・五七ショック」（一九九〇年）を、少子化問題構築のスタート時点とすることが妥当であろう。それ以降、合計特殊出生率はこの水準を上回っていない[23]。これ以降の出生率に少子化対策が影響を与えると仮定した上で、それらの対策が成功するか、あるいは失敗するかの基準を適切に作成することが、まずは課題となる。ただしここで、合計特殊出生率が一・五七を上回ることを少子化対策の「成功」と定義すると、すべての時期において少子化対策は「失敗」したことになり、過程構築の分析そのものが成立しない。

もう少し控えめな「成功」の基準として、少子化対策が実施された翌年に、出生率がわずかなりとも上昇することを以てすることが考えられる。一九九〇年以降、各年毎にこの操作を行うことも可能だが、いささか煩瑣であるので、二年ごとに一期とし（一九九〇〜九一年が一期、一九九二〜九三年が二期、……、二〇一二〜一三年が一二期となり、全一二事例となる)、当該期の前年(一期の場合一九八九年)の合計特殊出生率が当該期翌年(一期の場合一九九二年)を上回る場合「上昇(=P)」、前年と同じか下回る場合「下降(=p)」と定義する。すると一〜七期までは「下降」、八〜一二期までは「上昇」と評価されることになる。ここでは「上昇」の場合は少子化対策に「効果あり」、「下降」の場合には少子化対策に「効果なし」と仮定する。

次に説明項として、国会や内閣レベルで制定・承認された各種の少子化対策(一九九四年の「エンゼルプラン」から二〇一三年の「少子化危機突破のための緊急対策」まで)が、どういう側面を重点的に強調しているかを考慮する。政策リストは多岐にわたるが、暫定的に次の六つに分類できるであろう。

(C1) 仕事と子育て両立支援(男女共同参画、ワークライフバランス、保育サービス供給、待機児童解消など)

(C2) 子育て経済的支援(児童手当増額、子ども手当など)

23 日本の合計特殊出生率は、二〇〇五年に過去最低の一・二六を記録したのち、二〇一五年には一・四六となっている。

表4.1　少子化対策の存在／不在とその効果に関する分割表

期間	仕事と子育て両立支援	子育て経済的支援	住環境整備	婚姻支援	雇用・収入安定	働き方改革	上昇(1)／下降(0)	政策名
1990~91	0	0	0	0	0	0	0	
1992~93	0	0	0	0	0	0	0	
1994~95	1	1	1	0	0	1	0	エンゼルプラン(1994)
1996~97	0	0	0	0	0	0	0	
1998~99	1	1	1	0	0	1	0	新エンゼルプラン(1999)
2000~01	0	0	0	0	0	0	0	
2002~03	1	1	1	0	1	1	0	少子化対策プランワン(2002)、少子化社会対策基本法・次世代育成支援対策推進法(2003)
2004~05	1	1	1	0	1	1	1	少子化社会対策大綱(2004)、子ども子育て応援プラン(2005)
2006~07	1	1	1	1	1	1	1	新しい少子化対策について(2006)、「子どもと家族を応援する日本」重点戦略・仕事と生活の調和憲章・行動指針(2007)
2008~09	1	1	1	0	1	0	1	新待機児童ゼロ作戦について(2008)、待機児童解消先取りプロジェクト(2009)
2010~11	1	1	1	0	1	1	1	子ども・子育てビジョン(2010)
2012~13	1	1	0	0	0	1	1	子ども子育て支援法(2012)、待機児童解消加速化プラン・少子化危機突破のための緊急対策(2013)

（C3）住環境整備（住宅供給など）

（C4）婚姻支援（婚活、お見合いパーティなど）

（C5）雇用・収入安定（正規雇用への転換、収入増など）

（C6）働き方改革（長時間労働の解消、男性の家事育児分担など）

その上で原因1〜6が存在していれば1、存在していなければ0を記入し真理表を作成する。過程構築では、この真理表から結果を導く原因を特定し、当該原因が結果にとっての十分条件、すなわちその原因が存

表4.2　少子化対策の効果に関する真理表

仕事と子育て両立支援	子育て経済的支援	住環境整備	婚姻支援	雇用・収入安定	働き方改革	事例数	効果あり／なし	素整合性
0	0	0	0	0	0	4	0	0.000
1	1	1	0	1	1	3	1	0.667
1	1	1	0	0	1	2	0	0.000
1	1	1	1	1	1	1	1	1.000
1	1	1	0	1	0	1	1	1.000
1	1	0	0	0	1	1	1	1.000

在すれば必ず結果が起こる条件であるのか、必要条件、すなわち結果を生み出した全事例に共通する条件であるのか、さらには当該原因が結果を生み出すことを阻害する条件になっているのかなどを検討する。

保坂は特に行っていないが、過程構築の発想を支援する方法として質的比較分析（QCA）がある。本稿では試みに、fsQCAというソフトを用いて、上記の真理表に対してクリスプセットQCA（ブール最小化）を行なう。

上記の真理表から、完備真理表を作成する。同じ原因の組合せから異なる結果が生じる場合があるため、解整合性が60％以上になった場合、結果を「効果あり（＝1）」と判断する。つまり、この真理表では、同じ原因組合せ五事例のうち三事例以上は「効果あり」になっているという意味である。

その上で「効果あり」という結果をもたらす最小解（最簡解）を求めると、以下の通りとなる。

P = C5 + C1*~C3 + C2*~C3（素被覆度は主項の順に0.8, 0.2, 0.2）

これが意味するのは、次のことである。雇用と収入安定（C5）は少子化対策に「効果あり」という結果の十分条件となっている。また、仕事と子育て両立支援が行われ、かつ住環境整備がなされないとき（C1*~C3）、あるいは子育て経済的支援が行なわれ、かつ住環境整備がなされないとき（C2*~C3）、少子化対策に「効果あり」という結果が導かれる。これら三つの主項は、各々の因果経路により「効果あり」という結果を生み出すことができる（等結果性）。これら三種類の因果経路が結果を説明する程度を示す素被覆度をみると、雇用と収入安定（C5）が八〇％と最も高く、この原因が、他の原因に比べて重要であることを示している。[24]

このことをどのように考えたらよいだろうか。

第一に、雇用と収入安定という原因は、少子化対策に効果がなかった一～七期（一九九四～二〇〇三年）にはまったく存在せず、少子化対策に効果が認められる時期（二〇〇四～二〇一三年）に頻繁に存在する。雇用と収入安定という少子化対策が存在すれば「効果あり」の結果が発生する機会が多いので、より重視すべき要因と考えられる。

第二に、仕事と子育て両立支援や子育て経済的支援は、少子化対策に効果が見られなかった時期にも、効果が認められる時期にも頻繁に登場する。つまり定番的な政策リストである。これらは、それが存在していようといまいと、異なる結果を生み出すので、「効果あり」という結果の十分条件となっている可能性は少ない。もっともこの真理表においては「住環境整備がない」という原因と組み合わさって、主項の一部になっている。おそらくこれは二〇一二〜一三年にかけてC３が存在しないにもかかわらず少子化対策に効果が現れていることに由来すると考えられる。

そして第三に、最簡解に現れなかった原因は、少子化対策に効果があるとは判断できない。このような質的比較分析は、結果（＝効果あり）の定義を変えたり、原因の数や組合せを変えることで、様々に異なる結果をえる可能性がある。本論文が行ったのは、あくまで試行的な分析にすぎないが、それでも一定の利点と限界を確認することはできる。

第一に、さまざまに存在する原因の組合せのうち、どれが検討に値するかを確認し、因果連

24　無論、雇用と収入の安定が少子化対策として本当に効果があるかいなかは、別途検討の必要がある。もっとも岩澤（二〇一五）が示唆する通り、近年の少子化要因の約九割が、結婚した夫婦が子ども数を減らすことではなく、結婚しない人の割合が増加したことにあるとすれば、雇用と収入の安定は、他の対策に比べて結婚数を高める蓋然性はそれなりに存在するであろう。詳しくは赤川（二〇一七）を参照のこと。

関の複雑性を縮減し、原因と結果の関係をある程度特定しうる点、特に結果に与えない要因を排除できるという点に関しては、やはり有効な道具立てと考えられる。かつてブール代数分析や質的比較分析に対しては、原因変数と結果変数の形式が二値（存在する／しない、効果あり／なし）に限られているがゆえに、複雑な現実を単純化しすぎているという批判があった。しかし、たとえば政策の重要度や強調点の置き方を予算規模などによって数量化することができれば、ファジーセットQCAなどを併用することによって、この批判は回避できる可能性が高い。

第二に、少子化対策として効果があるという「結果」が得られているときに、どういう原因（この場合は諸対策）が存在するかを特定できる。この事例分析の場合であれば、雇用と収入の安定という原因は、少子化対策に効果がある時期にのみ登場し、効果がない時期には登場しない。それゆえに、どの時期にも登場する定番的な政策リストに比べれば「効果あり」といえる可能性が高いとはいえる。

しかし第三に、そうやって特定された原因が、どのような因果的メカニズムに基づいて結果を生み出しているのか、またその因果メカニズムを生み出す背景にはどのような状況や文脈が存在しているのかまでは、この分析だけでは明らかにはならない。過程追跡で強調されていた、事象が生起するプロセスの探求が、こうした比較分析では疎かになりうる可能性は、（本論文の分析精度はさておくにしても）常に存在する。

5　言説の変化を説明する作法

さて、前節で試みたような比較歴史社会学の試行は、構築主義の歴史研究にとって、どのような意義を持ちうるであろうか。すでにみたように過程追跡や過程構築の問題意識は、「ある社会現象が観察された際に、それはなぜ生じたかという一般的な問いを立て、（中略）その問いを固定したまま、複数の事例でデータを集積して詳細に分析していく」（保城 二〇一五：一一二）というものであった。前節の例でいうと、少子化対策として「効果あり／なし」という結果を生じさせうる要因（前節の場合は政策リスト）を、複数の時期（これが事例の単位となる）を区切って観察し、どの要因が結果を成立させる必要条件や十分条件になるかを特定することであった。

これに対して、社会問題の構築主義の本義に沿って、少子化問題を、出生率という事実や実態をめぐるクレイム申立て活動や言説が連鎖するプロセスと考えるならば、少子化をめぐる言説が継起するプロセスを追尾し、特定のある時空間において、少子化が特定の仕方で問題化され、ある種の偏りを孕んだ形で言説が連鎖するのはなぜかと問う構築主義の方法を、事例分析の方法である過程追跡のバリエーションの一つとみなすことも、さほど不自然ではないだろう。[25] さらには、少子化問題における特定の論点や論点の存在／不在や強調のされ方の相違が、出生率という事実・実態に影響を与えたり、与えなかったりするプロセス、すなわち言説が実態を構成していくプロセスを特定することもまた、構築主義ならではの研究課題として認めてよいように思われる。

これまでの構築主義、特に厳格派と呼ばれるそれは、事実や実態が存在するかいなか、どういう様態であるかという実在論にまつわる議論を回避しても、クレイム申立て活動や言説の連鎖を追尾することは可能であり、それらの発生・継続・消滅を説明することができれば十分と考えてきた（はずである）。ここで、出生率低下という事実や実態そのものが、少子化に対応する言説や政策を生み出していると想定するならば、一種の実態決定論になる。

ただし、少子化問題の構築を論じるにあたって、この種の実態決定論を維持するのは困難である。なぜなら出生率の低下が問題になるのは、それが人口置換水準を下回るからであり、日本の出生率が人口置換水準を継続的に下回るようになったのは一九七四年以降であるが、それから一五年近く、少子化が社会問題として論じられた痕跡はないからである。つまり実態としての少子化は、それが問題視される以前から継続していたにもかかわらず、一九九〇年の「一・五七ショック」までは、大きな問題とは認識されていなかった。この事実ひとつをとってみても、日本においては出生率という特定の事実や実態とは独立に、少子化を問題視する言説や政策が登場した、と想定せざるをえない。

しかし事実や実態に関する「認識」は、多くの場合、言説や政策の方向性に影響を与える。というよりむしろ、事実や実態を示す数字や統計自体が、少子化問題に関するクレイム申立てを構成する大きな要素となっている。国レベルの合計特殊出生率を調査・計算・公表するのは厚生労働省（かつては厚生省）であり、少子化問題に対する最大の研究機関は国立社会保障・人口問題研究所であるが、これらの行政機関や研究機関が公表する数字や統計、ならびにそれに対する専門家、官僚、政治家らによる意味づけや解釈が、少子化問題の展開を左右する大きなパーツであることに疑いの余地はない。出生率という事実や実態の動向とは独立に、少子化問題をめぐるクレイム申立て活動や言説のありようが決まっていくと考えれば、それは一種の言説決定論というべき様相を呈することになる。

25　社会問題の自然史モデルにおける複数の事例分析の重要性を強調するベストは、「社会問題の帰納理論」を発展させるために「事例研究間の関連性を理解すること」を構築主義の次なるステップとして掲げている（Best 2014:32）。

もちろんこれ以外にも、言説や政策が実態を変化させ、変化した実態が言説に影響を与えるという「ループ効果」を想定することもできる。少子化対策の場合であれば、実際になされた政策に「効果があり」と判断されれば、その政策をますます強化するようなクレイムや言説が増加し、その結果、ますます少子化対策としての実効性を高めていくという循環である。「雇用と収入の安定」などは、そうした循環を生み出す可能性はある。

しかし実際のところ、上で想定した「ループ効果」は、言説・政策と事実・実態の関連付けに関して、多くあり得る可能性の一つに過ぎないことは、指摘しておく必要がある。たとえば仕事と子育ての両立支援や働き方改革は、出生率が下降した時期にも上昇した時期にも存在する言説・政策である。このような政策リストの、少子化対策としての有効性には、大いに疑問符がつく。しかし、そうした疑念に対応する論理やレトリックは多様である。たとえば、「仕事と子育て支援や働き方改革を実行していなければ、出生率はさらに下がっていたかもしれない」とか、「効果がないようにみえるのは、政策の実施規模や体制が不十分だからであり、もっと集中的かつ大規模にそれらの政策を推進すれば、効果がみられるようになる」という、（反証不可能な屁理屈的）レトリックは、いつでも使用可能なのである。そういうレトリックを真に受ける人が多ければ、それら政策の実効性とは無関係に、特定の政策が生き残り続けることになろう。となれば、政策の実効性と、実際にその政策が強力に実施されるかいなかもまた、実は相対的に独立だというほかない。

このような背景を想定した時に、構築主義にはどのような研究手法の余地がありうるだろうか。本稿は、因果分析と同時に、事象が生起するプロセスを探求するための手法として、社会問題の自然史モデルを推奨することにしたい。

ここでいう「自然史」とは、「多くの事例に共通して出現する傾向のある一連の段階」（Best 二〇一六：一七）というほどの意味であり、特に進化論的な前提や、物事が一方向的に進展するという含意があるわけではない。単純に、(A)クレイム申し立て、(B)メディア報道、(C)大衆の反応（世論や噂話など）、(D)政策形成、(E)社会問題ワーク（政策の実施過程）、(F)政策の影響（意図せざる結果）という六つの段階を想定しているだけである。ベストの自然史モデルの特徴は、クレイム申し立て活動がそれぞれの段階を経由することに、特定の方向に整型されたり、歪んでいく点を強調することにある。そのために「社会問題市場」（＝あるアリーナにおける問題の競合）、「正への誤分類／負への誤分類」「ドメイン拡張」「便乗」「社会問題の所有権」「被害者コンテスト」（Holstein & Miller 1990）などの概念に基いて分析が進められる（赤川 二〇一二）。

いうまでもなく、クレイム申し立て活動の連鎖に社会問題の構築を見出すのが構築主義の特徴であるが、社会を言語行為や言説の連鎖として把握する視角は、構築主義の専売特許というわけでもない。たとえばR・コリンズがミクロ‐マクロ問題の解決法として提案した、制度や社会を相互行為儀礼の連鎖・蓄積として把握する発想にも、近しいものがある（Collins 2005）。また言説分析の祖であるフーコーも、言説を言語行為の集積と捉える見方を否定していない（Foucault 2004=2008 : 325）。言語行為や言説の連鎖こそが社会である、という社会観を経験的な研究方法に落とし込もうとするとき、社会問題の自然史モデルは有力な手掛かりとなりうる。

社会問題の自然史モデルに基づく経験的研究は通常、クレイム申し立て活動が発生し、それに対応するクレイム申し立てや反応が発生し、それぞれに段階に応じて展開するプロセスを、数ヶ月から数年のタイムスパンで観察・再構成する。クレイム申し立て活動が連鎖するプロセスを精密に追尾しようとすれば、数か月や数年といった単位であってさえ、通常、歴史分析と呼ばれているものと酷似する作業を行うことになる。さらにこれを数十年、数百年のスパンに拡大していけば、「社会問題の歴史社会学」という新たな領域を生み出すことになるだろう。もちろんタイムスパンを広くとればとるほど、相互行為や発話行為の痕跡は、新聞・雑誌記事、手紙、日記、小説、エッセイ、映画、古文書、学術著書など、もろもろの文字／映像資料の形でしか私たちの眼前に残されない。そうした史資料の発掘に重きを置かざるをえない場合すらある。時代や時期に応じて、特定の言説やレトリックが流行したり廃れたり、さまざまな他のフィールドや他の地域・国家に伝播したりするさま、あるいは、古色蒼然たるレトリックが突如復活したり、問題をめぐる論争が同じような形で再燃したりするさま、さらには、特定の言説がそれ以前の言説構造に拘束されて経路依存し、一定の形に収束していくさまなどを、言説資料の発掘・再構成に基づいて記述し、さらにその言説空間の変容がなぜ生じたかを説明しようと試みること——そこに社会問題の歴史社会学の「恍惚と不安」が存在するように思われる。

6 方法論の相乗へ向けて

これまで構築主義をめぐる論争は、実在論／唯名論、主観主義／客観主義、科学主義／反科学主義、厳格派／コンテクスト派、因果的説明／厚い記述といった二元論のもとで、どちらに立つかという「踏み絵」的な問答が多かったことは認めざるをえない。しかし科学全体を見渡せば、これ以上に過激な認識論的対立はいくらでもある。たとえば客観確率を前提とする頻度主義統計学と、主観確率を用いるベイズ統計学はかつて犬猿の仲であった。しかし頻度主義を信奉する人であろうと、迷惑メールの判別ではベイズ統計学を使うだろうし、ベイズ主義者であろうと、頻度主義に基づく検定や多変量解析を一切やらないのでは失職してしまいかねない。水陸両用ではないが、要するに、研究の目的・課題に応じた使い分けができればよいし、それで文句を言われる筋合いもない。

構築主義に関しても同じことがいえるのではなかろうか。本論文では特に、構築主義を因果的説明から撤退した反科学主義とみなすのではなく、言説のレトリックとその連鎖を他のどの方法よりも精緻に、厚く記述した上で、特定の時空間に特定の言説が現れる理由説明を行いうる経験科学として再構築することが可能であり、必要でもあるという立場から、一連の思考実験を積み重ねてきた。

上記の種々の二元論に基づいた上で、一方が得れば他方が失うような「相克」のゲームを続けるのではなく、実在論か唯名論かという不毛な対立をすり抜け、主観的なるものを客観的に捉え、厚い記述と因果的説明を両立させるという「二兎」を追い続ける道もあるのではないか。そのとき、構築主義という社会学におけるゲームの作法は、「相克」ではなく、一方の充実が他方の発展をも促す「相乗」のゲームとして豊穣化すると考えられる。

◉文献

赤川　学　一九九九『セクシュアリティの歴史社会学』勁草書房．
――――　二〇一二『社会問題の社会学』弘文堂．
――――　二〇一七『これが答えだ！少子化問題』筑摩書房．
Becker, Howard, S.　1998　*Tricks of the Trade: How to Think about Your Research While You Are Doing It*, The University of Chicago Press. =2012　進藤雄三・宝月誠訳『社会学の技法』恒星社厚生閣．
Best, Joel　1998　*Controlling Vice: Regulating Brothel, Prostitution in St. Paul, 1965–1883*, Ohio State University.
――――　2015　"Beyond Case Studies: Expanding the Constructionist Framework for Social Problems Research", *Qualitative Sociology Review*, Vol.11, Issue 2, 18–33.
――――　2016　*Social Problems*, 3rd edition, W.W.Norton & Company.
Collins, Randall, 2005, *Interaction Ritual Chains*, Princeton University Press.
King, G., Keohane, R.O. &Verba, S. 1994. *Designing Social Inquiry*, Princeton University Press, =2004. 真渕勝監訳、『社会科学のリサーチ・デザイン：定性的研究における科学的推論』勁草書房．
保城広至　二〇一五『歴史から理論を創造する方法』勁草書房．
岩澤美帆　二〇一五「少子化をもたらした未婚化および夫婦の変化」髙橋重郷・大渕寛編『人口減少と少子化対策：人口学ライブラリー一六』原書房、四九－七二頁．
Foucault, Michel　2004　*Naissance de la biopolitique. Cours au Collège de France*（1978–1979）, Gallimard/Seuil. =2008, 慎改康之訳『生政治の誕生：コレージュ・ド・フランス講義　一九七八－七九年度』筑摩書房．
George, A. L. & Bennett, A. 2005, *Case Studies and Theory Development in the Social Sciences*, Cambridge, Mass: MIT Press. =2013, 泉川泰博訳、『社会科学のケース・スタディ：理論形成のための定性的手法』勁草書房．
佐藤彰彦　二〇〇六『覚醒剤の社会史――ドラッグ・ディスコース・統治技術』東信堂．
佐藤雅浩　二〇一三『精神疾患言説の歴史社会学――「心の病」はなぜ流行するのか』新曜社．
Spector, M. & Kitsuse, J. I.　1977　*Constructing Social Problems*, Aldine de Gruyter. =1990. 中河伸俊他訳『社会問題の構築：ラベリング理論をこえて』マルジュ社．

Skocpol, T.（ed.） 1984 *Vision and Method in Historical Sociology*, Cambridge. =1995, 小田中直樹訳『歴史社会学の構想と戦略』木鐸社.
中河伸俊 一九九二 「訳者あとがき」Troyer, R. J. & Markle, G. E. 1983=1992, 201－215.
——— 一九九九 『社会問題の社会学』世界思想社.
Gusfield, Joseph, R. 1996 *Contested Meanings: The Construction of Alcohol Problems*, The University of Wisconsin Press.
増田雅暢 二〇〇八 『これでいいのか少子化対策――政策過程からみる今後の課題』ミネルヴァ書房.
Smith, D. 2005 *Institutional Ethnography: A Sociology for People*, Altamira.
Troyer, R. J. & Markle, G. E. 1983 *Cigarettes: The Battle Over Smoking*, Rutgers University Press. =1992, 中河伸俊・鮎川潤訳『タバコの社会学：紫煙をめぐる攻防戦』世界思想社.
Holstein, J.A. & Miller, G. 1990 Rethinking victimization: An interactional approach to victimology, *Symbolic Interaction*, Vol.13（1）, pp.103－122.

◉第 5 章◉

構築された性から構築する性へ

——ジェフリー・ウィークスの理論的変容を通して

1 多様性について

二〇一六年九月四日に開催された第一一回社会理論学会大会シンポジウム「ダイバーシティ社会と社会学理論」のもとで報告をさせていただいた。企画趣旨を伺ったときに、ダイバーシティ（多様性）という言葉で真っ先に思い出したのは、地域社会学者の山下祐介氏が、地方消滅・地方創生論における「選択と集中」を批判するという文脈で提出した、「多様性の共生」という考え方である（山下 二〇一四）。「選択と集中」は、典型的には減りゆく人口の「防衛・反転戦」として地方中核都市を選択し、そこに財やサービスなどの資源を「集中」するという考え方であるが、山下によれば、そもそも地域は選択される（淘汰されるべき）対象ではない。選択の基準も経済効率だけでなく、歴史や文化など他の基準もあるし、集中ではなく「分散」という選択もありうる。つまり「選択と集中」ないし「淘汰」は、そうした多様性を許さない思考法だというのである（同書、一四九）。[26]

近年、人口減少を前提とした社会構想に関心を抱いてきた筆者にとって、山下の問題提起には深く同意する。他方で、この問題提起を、筆写がライフワークとして取り組んでいる性（ジエンダーやセクシュアリティ）の研究領域に置き換えてみたらどうなるかを、考えてみたいと思った。

性の多様性といえば、四〇代後半の筆者に思い浮かぶのは、たとえばS・フロイトの多形倒錯、G・ドゥルーズとF・ガタリの「n個の性」などである。特に後者は、一九八〇年代の現代思想で一世を風靡し、「ひとつの性が存在するのでもなければ、二つの性が存在するのでもない。そうではなくてn……個の性が存在する」という文言は、性の解放による社会変革を志向するフロイト左派的な思考を継受していた（Deleuze & Guattari 1972=2006）。

性が一つでも二つでもなく、n個であるという発想は、近年の性科学によっても裏付けられている。第一に、「性別」といっても、遺伝子、性腺、内性器、外性器、第一次性徴といった身体上の性別に始まり、医師が判定する性、戸籍の性別、第二次性徴、性的自認、性的指向といった社会的性別に至るまで、様々なレベルが存在しており、性や性別が多様なグラデーションであるという認識は広く知られるようになっている（橋本 二〇〇〇）。他方で、このように多様なグラデーションであるはずの性が「男性／女性」という二値的なカテゴリーに配分されるのは、性別判定や性別規範という社会の力による。これを明快に示したのが、かつて橋爪大三郎が提起した性別論であった（橋爪 二〇〇四）。

してみると、多様である（べき）性が、いかにして、なぜ、「男性／女性」という二つの性（性別二元制）や、異性愛を規範とみなす異性愛主義（ないし異性愛規範性）に収斂してしまうのか――この問いこそが、セクシュアリティの社会学が有する根本的な問題構成と考えられる。山下の言い方を敷衍するならば、多様性の共生が選択（淘汰）によって失われる過程といえようか。

もちろんこれは地域社会学に限られたことではなく、たとえばジェンダーの社会学をみれば、人々が性別秩序をパフォーマティブに生き、秩序再生産に寄与する側面を描いたdoing gender（West & Zimmerman 1987）と、パフォーマティブな遂行が秩序破壊・構造変動につながる側面を強調するundoing gender（Butler 2004）のバランスないし往還の過程とみることもできる。また性を特定のアイデンティティに結びつける近代的秩序からの離反を思考する「脱アイデンティティ化」という運動と、ＬＧＢＴＱ（Lesbian/Gay/Bisexual/Transgender/Queer or Questioning）のように、アイデンティティのカテゴリーが細分化されつつも、同一性への希求

26　今日、「ダイバーシティ」という言葉がそのまま使われるのはたとえば企業経営の文脈であり、人材のダイバーシティを高めること（たとえば女性や外国人、障害者、高齢者の積極的雇用）が生産性を向上させる、とされる。また先日のリオ五輪でＬＧＢＴＱを表明する参加者が過去最大となったことをダイバーシティの成熟とみるような立場もある。近年では総じてダイバーシティが社会や集団に与える「効用」が強調される傾向がある。

までもが放棄されてはいないところに、「再アイデンティティ化」の契機が同時に生じているとみることもできる。さらに逸脱と医療の社会学に目を転じれば、同性愛解放運動が一九六〇年代以降、同性愛の非・病理化や「脱医療化」を志向した一方で、性同一性障害の性別適合手術を求める当事者が自らを「障害」として承認されることを望んだ現象など、「再医療化」と呼ぶべき事態が同時に登場しているとみることもできる。

これらの現象を、どのように読み解いたらよいのだろうか。

2 ふたつの構築主義

前節の問いに応えるために、筆者が四半世紀にわたり探求してきたのが、社会学における構築主義の理論的かつ方法的な可能性である。[27] 構築主義の認識論や存在論に関してはすでに言い尽くされた感があるが、筆者は現在もなお、構築主義を社会学の「理論と方法」として鍛えていく必要があると考えている。そのためには二つの構築主義を分けて考えることが有用であろう。

一つは、性差や性が生得的であり、本能であり、自然であるという本質主義的な思考に対して、それらが社会的、歴史的、文化的、言説的に構築される側面を強調する構築主義である。いうまでもなく、セックス（生物学的性差）vs ジェンダー（社会文化的性差）という二項対立もここから生じている。これを性的欲望や性的指向、性的アイデンティティにも敷衍して、それらが生物学的に決定されているのではなく、社会的に構築されるという立場を取るならば、「セクシュアリティの社会構築主義」に行き着くであろう。

この分野を牽引してきたのは、英国の歴史社会学者J・ウィークスや、生活史研究で有名なK・プラマーである。たとえばウィークスによれば、セクシュアリティとは一九世紀の欧米で性科学者らによって「発明」されたものであり、親族・家族、経済・社会組織、社会的規制、政治的介入、抵抗文化といった社会的諸要因によって構成されつつ、自己や正常性の定義にとって中心的位置を占めるようになったという（Weeks 1986=1996, chap.2）。またプラマーは、当初生殖から逸脱した性倒錯を分類するために作られた医学的カテゴリーが、個人に慰めや安心を与える集合的アイデンティティの源泉ともなることを強調した（Plummer 1995=1998）。

このようにセクシュアリティの多様性を歴史的な文脈に差し戻し、さらにその「意図せざる

27　いまや構築主義は「オワコン」、すなわちポスト構築主義に入っているという時代診断もあるが、何事にもしつこい著者は、構築主義の脱構築ではなく「再構築」を目指したいと考えている（赤川 二〇〇六）。

結果」を指摘する論法は、当時二〇代であった筆者を興奮させた。まずは、性差や性をめぐる本質主義に対抗して提起される構築主義を、「理論としての構築主義」と呼んでおこう。

もっとも、あらゆる性差や性的欲望が、生物学的な影響をまったく受けておらず、社会的に構築されていると言うのは極論にすぎる。実際問題、生物学的決定論の権化とされる社会生物学や進化生物学、行動遺伝学の分野においても、通常は「遺伝も環境も」「自然も文化も」「言説も身体も」性差や性に影響を与えるという知見が大勢を占める（遺伝と環境の共進化など、Ridley 2003=2014）。極端な生物学的決定論を取る人は、自然科学の分野では少数派にすぎないだろう。

それよりも、一九九〇年代以降の同性愛解放運動や性同一性障害の医療に関わる実践家や運動家の言説を観察する限り、筆者は本質主義的な言説を耳にする機会が少なくなかった[28]。「同性愛は生まれつきである」という言辞を同性愛解放運動の当事者はしばしば語ったし、性同一性障害の性別適合手術を求める当事者運動においても、性自認は変更不可能であり、身体的性差こそ医学的に改変できるという言説が主流であった。

実際問題、性差や性的アイデンティティや性的欲望の「原因」は遺伝か環境か、生物学は運命かいなかという二分法に依拠する本質主義vs構築主義という対立のもとで、構築主義の立場を教条的に取るだけでは問題は解決しない。社会変革運動の邪魔になることさえある。というのも、サイモン・ルベイが述べている通り、同性愛に関する原因帰属のありように応じて、同性愛に対する人々の態度は変化するからだ。一九九〇年代のアメリカで行なわれた世論調査では、同性愛は「自分で選択したものだ」と考える人（選択説）のうち七一％は、子どもの小学校に同性愛の教師がいることに抗議するが、同性愛は「自分ではその性向を変更できない」と考える人（非選択説）のうちでは三九％しか抗議しない（LeVay 1996=2002: 3)。つまり同性愛の非選択説を取る人（＝本質主義者）のほうが同性愛に対して寛容なのである。ある保守系雑誌の編集者は、「私は同性愛が何か自ら望んだもの、進んで受け入れたものではないということを納得しました。それは生まれながらのものなんですね。そしてもし生まれながらだとすると、罪であるはずがありません」と述べたという（LeVay ibid: 4)。

このような言説環境のもとでは、ゲイやレズビアンの多くが「自分は生得的なゲイ（あるいはレズビアン）」と表明する（せざるをえない）動機や必然性が存在するわけである。こうした言説上の戦略をかつて戦略的本質主義などと呼ぶこともあったが[29]、このような言説の位相を

28　これは、フェミニズムやジェンダーの社会学とは好対照をなしている。

捉えることこそ、構築主義の社会学固有の可能性があると思われる。

ここから性に関わる言説を、社会問題を構築するクレイム申し立て活動と捉える、二つめの構築主義をとる必要が生じてくる。このパースペクティブのもとでは、「セクシュアリティは遺伝か環境か」という問いやそれへの応答自体が、ある目的を達成するための戦略的な言語行為（言説）であり、社会問題を構築する部品の一つということになる。二〇〇〇年代の社会学において物議を醸した構築主義論争では、社会状態や社会問題を客観的に把握できる（ないしすべきである）という客観主義と、社会状態に関する判断停止を本旨とするかに見えた社会問題の構築主義が対立するかのように語られた。しかしすでに中河伸俊が論じているように、それは擬似問題にすぎない（中河 一九九九）。二一世紀の構築主義は、J・キツセやJ・ベストが先鞭をつけたレトリック分析と社会問題の自然史モデル（Spector & Kitsuse 1977=1987, Best 2008）、D・ロウスキやS・ハリスらによって展開されているエスノグラフィに基づく構築主義など、社会学の経験的方法として鍛え直されていくべきであろう（Loseke 2008, Harris 2010）。

それはさておき、「セクシュアリティの社会的構築」というテーマを、二つ目の構築主義の立場から展開するとどのようになるだろうか。たとえば性をめぐる道徳や規範、法律が、社会問題を語る言説や、医学的・科学的言説のなかでどのように構築され、その構築や変容がなぜ生じたかを問うという方向性がありうる。アメリカの社会学史家であったS・サイドマンも同様の見解を示している。「人々はどのような性行動――いつ、どこで、どのような関係で――が適切かをめぐって見解を異にする。社会の中で性が占める地位について論争する」と。その上で性道徳をめぐる社会的対立が生じる領域としてポルノグラフィ、サドマゾヒズム、セックスワーク、同性婚を挙げている（Seidman, 2003:95）。これらは、セクシュアリティが性的欲望や性的アイデンティティの問題にとどまらず、広く道徳や規範、あるいは社会の問題であることを示している。

3　構築主義者ジェフリー・ウィークスの変容

このように二つめの構築主義（方法としての構築主義、とでも名づけておこう）に基づくセクシュアリティ研究は、広い意味での歴史社会学的研究を必要とする。この観点からみるとき、

29　ちなみにウィークスは、『セクシュアリティ』の第三版でも、戦略的本質主義には疑義を呈している。なぜなら同性愛の本質性やゲイ遺伝子による性的指向の決定を強調し過ぎると、同じ根拠を用いて、遺伝子工学によるゲイ遺伝子の抹消を正当化しうることにもなりかねないからだ。戦略的本質主義は、遺伝子操作の時代にあっては、当の本質主義からしっぺ返しを受けかねない（Weeks 2010:119）。

J・ウィークスが一九八〇年代から二〇〇〇年代にかけて辿った転換、具体的にいえば『セクシュアリティ』（一九八九）から『われら勝ち得し世界』（二〇〇七）に至る変化のなかに、性の多様性をめぐる理論的な課題が含まれていると考えられる。その変化の本質をひとことで言うならば、社会や政治によって性が構築されるという、構築の〈受動性〉を強調する議論から、セクシュアリティを生きる人々が社会関係や親密性を作り直し、創造していくという構築の〈能動性〉を重視する議論への転換である。

まず転換前の『セクシュアリティ』第四章「多様性の挑戦」では、「多様性」という言葉と「(性) 倒錯」の関連性が問われている。一九世紀の性科学は同性愛、窃視症、窃盗症、サディズム／マゾヒズム、異性装、嗜糞癖、色情症、小児性愛などさまざまな性倒錯のリストを創りだした。それは倒錯を価値序列の最下層に位置づけるものであり、M・フーコーが『性の歴史』のなかで「倒錯の埋め込み」と呼んだ事態である。

そうした「倒錯の埋め込み」は「正常なもの」、すなわち生殖につながる異性愛を強化するという否定的側面を伴っていた。ウィークスによれば、これによって①性的とみなされる事柄の範囲拡大、②性的多様性は無限という近代的な見方が生み出された（Weeks 1989=1996：一二三）。とくにA・キンゼイが大規模なサンプルから明らかにした性的行動の多様性に関する認識は、大きな影響を与えたとみる。筆者も同感である。

またK・プラマーが述べていたように、性倒錯として産み出されたカテゴリーとその自己レイベリング化ですら、そのカテゴリーを生きる人々にとっては慰め、安心、自信を与えてくれるものであり、集合的アイデンティティとコミュニティを創出するきっかけになりうる。その典型例が二〇世紀のゲイ解放運動である。彼らの政治的主張は、他の性的少数者の集団（異性装者、性転換者、小児性愛者、サドマゾヒスト、フェティシスト、両性愛者、売春婦ら）が自らを集合的に動員するための政治的戦略や組織形態のレパートリーを提供したという。[30] ここでの議論は、性的多様性の象徴たる「n個の性」という理論的命題や、今日のLGBTQカテゴリーの成立を支える歴史的文脈を的確に指摘していると思われる。

しかしウィークスは、こうした性的多様性の認識と称揚のもとで、「欲望のそれぞれの形式は、同等の正当性を持っているのだろうか」と問いかける。「欲望のそれぞれの下位区分は、性的アイデンティティや可能な社会的アイデンティティの基礎となるべきなのだろうか。（中

30　ウィークスは性的サブカルチャーやコミュニティが成立する五つの条件として、①同一状況に置かれた多数の人々の存在、②地理的な集中、③対抗する敵の明確な識別、④突然の社会変化や事件、⑤わかりやすい目標をかかげる知的指導者の存在を挙げている（Weeks 1989=1996 : 140）。傾聴すべき指摘といえよう。

略）良きものを悪しきものから、適切なものを不適切なものから（中略）区別する方法はあるのだろうか？」と（Weeks ibid: 143）。

性的多様性の認識は、多様性の規範を必然的に生み出すわけではない。ウィークスは、その事例として小児性愛を取り上げる。二〇世紀に、幼児性欲が自然で普遍的であるという認識が広まると、大人と子どもの性関係も規制されるべきでないという見解が生じた。しかし今日それは幼児虐待として非難される。ウィークス自身もこうした変化を規範的に追認することで、暴力や虐待に基づく性（小児性愛）は不適切、そうでない性は適切という線引きを行うのである。特に『セクシュアリティ』第二版（二〇〇三）、第三版（二〇一〇）ではこの考え方が強調されるようになっている。

さらに二〇〇〇年代に入ると、ウィークスは、絆、親密性、コミットメント、社会関係資本といった概念に基づいて、同性間関係における倫理的課題を追求するようになっていく。とりわけウィークス自身のライフヒストリーと戦後性解放の歴史を重ね書きしたかのような著作『われら勝ち得し世界』（二〇〇七）においては、英国のシヴィル・パートナーシップ法制化に至る経緯が、肯定的に紹介されている。

それによると、英国では、合衆国とは異なり、もともと同性婚に対する関心は高いとはいえなかった。しかし二〇〇四年、労働党のトニー・ブレア政権のもとでシヴィル・パートナーシップの法制化が実現する。その背景には、ＬＧカップルに子育ての権利がないこと、ＨＩＶ／ＡＩＤＳの流行後に病に伏し、死を迎えたパートナーを支えるＬＧに、配偶者としての権利が認められていないことがあったとされる。ウィークスは、Ｂ・ヒーフィらとともに家族と社会関係資本に関するＥＳＲＣ研究班に属し、約一〇〇人のＬＧＢＴにインタビューを行っている。

その語りを分析する中でウィークスが重視したのは、権利、コミットメント（＝相互への責任）、公的承認である。シヴィル・パートナーシップを求めるＬＧＢＴＱが、異性愛のカップルと同等の権利を要求していることは当然ながら、ウィークスはコミットメントや公的承認の要素を重視する。「おそらく今日最も強力なのは、コミットメントを確かなものにしたいという個人的欲望と、相互の愛と責任について現在有している感覚を（公的に：筆者注）認めてもらいたいという気持ち」であると（Weeks 2006=2015: 327）。

たとえば四〇代のポールが一〇年過ごしたパートナー・ドニーと結婚式を行い、ドニーへのコミットメントを示す言葉を口にしたとき、「背中に震えが走って、泣いてしまったんだ。それで私は本当に後ろを振り返らないと思った」という感慨。あるいは三〇代のジャネットがブレンと結婚したとき、「もう秘密の愛なんてないの！　私たちは両親をパーティに呼んだんだけど――来てくれるみたい」という発言。ウィークスはこれらの語りをもとに、シヴィル・パートナーシップの合法化は権力の陰謀ではなく、公的承認をめぐる闘争の一形態と捉えたほうがよいと述べる（Weeks ibid : 331）[31]。「新たな法制化は新しいタイプの関係性を規範として押し付けたのではなく、既存の関係性を強化したのである」（Weeks ibid : 323）。

こうしてウィークスは、性的欲望やアイデンティティが権力によって規制され、政治によって産み出されるという構築の〈受動性〉を強調する立場から、人々が社会関係を〈能動的に〉構築していく側面、具体的にはＬＧＢＴＱが「生の実験」を営む過程で、既存の異性愛関係や婚姻関係に留まらない絆やコミットメントを創造していく局面を強調するようになっていく。これは理論的な観点からみると、フーコー流の権力論・統治性論から、Ｅ・ゴフマンやプラマー流の相互作用論、関係の純粋性や流動性を強調するＡ・ギデンズやＺ・バウマンの「流動化する近代」論への転換とみえるかもしれない。もっともこの変化は、ウィークス自身の理論的関心の変化であると同時に、戦後英国社会におけるセクシュアリティの歴史的変容を示しているようにも思われる。

4　同性婚を正当化するレトリック——保守派の取り込み

ところで、英国におけるシヴィル・パートナーシップの合法化は、いかにして可能になったのか。これもまた、歴史社会学的観点からは解かれるべき問いとして提起され得るものである。たとえば①保守派からのさしたる反対もなく、超党派で法制化に成功したブレア政権の「英国的妥協」の巧みさや、②制度としての結婚には批判的でも、相続や年金の権利保障を求めて、「そうしないなんて馬鹿げている」と述べたレズビアン活動家のような、英国人らしいプラグマティズムも、その一因かもしれない。もっとも英国で頻繁に語られた言説のレトリックは、他国、たとえば米国でもしばしば観察されるものである。ここでは、ウィークスの議論を少し離れて、同性婚を正当化するレトリックの特徴はいかなるものかについて考えてみたい。

実のところ、同性婚に反対する勢力は、宗教的、神学的理由から婚姻は生殖を目的とした男女に限られると考える人々や、同性婚は異常を正常化する試みだと捉える保守派だけには限ら

31　シヴィル・パートナーシップを、異性愛者の結婚から隔離された「アパルトヘイト」（隔離すれども平等）に見立てる人も存在するが、異性愛者の結婚と同等の権利と公的承認を得られた関係が、ＬＧＢＴＱにとって「名称を除けば結婚そのもの」と意味づけられているのであれば（Weeks 2007=2015：325）、そうした難癖は熟考するに値しまい。

れない。従来の婚姻（男女）関係に性支配や性暴力の根源を読み解くラディカル・フェミニズムや、一対一の排他的・固定的な関係（＝モノガミー）以外の性関係を希求する急進派も、同性婚の推進に対して冷淡であったことが知られている（Barker 2013）。ラディカル・フェミニストや急進派は、「同性婚はある種の同性関係を他の関係よりも上位に置き、性の急進主義が企図する反体制的で侵犯的な可能性に欠け、特定のカップル関係を正常とするがゆえに、同性婚に反対する」（Weeks 2006=2015 : 310）のである。

これに対してシヴィル・パートナーシップや同性婚を支持する人々が用いた論法は、異性愛カップルと同じ権利を要求するという「権利のレトリック」だけではなかった。それと同じ程度に、家族を形成する責任と、同性婚が社会にもたらす善や効用を重視する「責任のレトリック」を強調したのである。たとえば同性婚への賛否両論をまとめたL・フリードマンの『同性婚』（Friedman 2010）をみると、米国においても家族や地域を尊重するレトリックは頻繁に観察できる。下記にその例を掲げる。

同性カップルは家族を常に形成し、これからもそうするだろう。（中略）家族が栄えると地域が栄える。地域が栄えると国家が繁栄する。（Lester Olson）

ゲイとレズビアンが、政府は自分たちの生活に大きな影響を及ぼすべきでないし、家族とコミュニティを強化するために自分たちにできることはなんでもやると述べている時に、彼らが結婚する自由をどうして拒否できますか。（ある共和党員）

私たち（ゲイ）はアメリカという家族の一部であり、家族の一員でもあり、私たちの家族は他の家族と同様に保護されるに値する。（Jacob Gershman）

二番目の引用（共和党員）が示すように、保守派の中にも、責任のレトリックを受容する人は少なくない。ウィークスの言い方を借りるなら、「異性愛／非異性愛を問わず、関係そのものを強化したいというコミュニタリアン的情熱は、伝統的な異性婚を守ることより優先」（Weeks 2006=2015 : 321）されうるのだ。ありていに言ってしまえば、保守派にとって、結婚や子育てを拒否する異性愛者より、結婚や子育てや家族の価値を重視する同性愛者のほうが受け入れやすいかもしれない。

ここで生じているのは、ＬＧＢＴＱによる家族や社会へのコミットメント（責任の引き受け）

であると同時に、保守派からも賛同を引き出す言説戦略上の達成と解釈することが許されよう。米国の同性婚論議に影響を与えたA・サリバンの言にしたがうなら、「結局は道理にかなった考え方が勝利した。保守派の主張は、ゲイであっても人としての責任、家族、軍に従事する機会が大切であると考え、宗教的かつ神学的な理由から状況の改善を拒もうとする右派の流れを差し止めた。そして、市民の平等と社会統合を打ち出したリベラル派の主張は、同化と規範的な社会風潮に対する左派の不信感に打ち勝った」(Sullivan 1995=2015:4)といえるのかもしれない。つまり左右両極の原理主義(=宗教的右派とラディカル・フェミニズム)から距離を取って、同性婚の賛成派と反対派で共有できる価値の範域を広げていくことが肝要だということが、示唆され得るのである。

5 生殖(再生産)につながる性/つながらない性の平等にむけて

翻って、日本ではどうか。周知の通り、いくつかの地方自治体でパートナーシップ条例やそれに類する制度が発効しているが、全国的な法制化にむけての議論は盛り上がっているとまではいえない(同性婚やパートナーシップ条例の正当化には、憲法二四条の改正が必要とする見解と、「解釈改憲」でいけるという立場がある)。時折、保守系の与党議員からは「同性婚は少子化を促進する」という反対論が表明されるが、米国や英国での言説展開をみるかぎり、こうしたレトリックは将来的には説得力を喪失するであろう。なぜなら、すでにみたように、極端な原理主義を除けば、保守派ですら、家族形成・養育責任を引き受けるLGBTQに対して寛容になりうるからである。むしろ少子化対策という文脈に即して言うならば、家族を形成するLGBTQよりも、結婚しない・子育てしない異性愛者のほうが「非国民」扱いされる可能性は高い。少なくとも論理的には、そのようにいえるはずである。

本論文でウィークスとともに確認してきたように、性の多様性とは、生殖(再生産)の外側で繁茂する種々の性のありようが、当初は逸脱的なカテゴリーであったとしても、次第に集合的アイデンティティを獲得し、社会に包摂されていく歴史的プロセスである、ということができるだろう。しかし英米両国における両性婚に関する議論をみても、結婚が生殖(人口や種の再生産)に対する社会の利害関心と本質的に結びついているという観念は、同性婚の法制化後も残り続けている。多少の放言をお許しいただけるなら、社会や人口が、つねに生殖(再生産)につながる人たちの遺伝子によって再生産されていく傾向をもつ以上、そうした人たちが多数を占める社会では、子どもを産み育てることが有利になるような社会政策が採用される可能性が高まると想定できる。[32] 山下祐介の概念に立ち戻るならば、「多様性の共生」が、生殖という「選択と集中」によって「淘汰」される可能性は、依然として残るわけである。LGBTQの一部が家族形成の責任を果たし、人間という種の再生産に貢献することが珍しくなくなったとき（英米ではすでにそうなりつつある）、生殖や養育につながる性を生きる人（＝家族を形成する人）と、それらにつながらない性を生きる人（＝子なしの人、非婚の人）との関係性、より具体的にいえば両者における「正義」や「平等」の問題がやがて浮上すると、理論的には想定しうる。

特に、低出生率や少子化をあまり社会問題化しない英米両国よりも、むしろ日本においてこそ、家族形成する人としない人の間の正義・平等が、大きく問題化される可能性すらあるだろう。筆者自身は、現在日本で行なわれている少子化対策の内実は、生殖や養育につながらない性を生きる人に対する国家規模のセクハラにほかならないと考えているが（赤川 二〇一七）、逆の立場からみると、人類という種の再生産（生殖・養育）に関わらない者は、再生産責任の放棄者であり、子どもを産み育てる人へのフリーライダーであり、そうしたフリーライダーに対処することこそが正義だということになるかもしれない。

さて、どちらの道行きが正しいのか。機会があれば、再度論じてみたいテーマである。

●文献

赤川　学　二〇〇六　『構築主義を再構築する』勁草書房.
――――　二〇一七　『これが答えだ！　少子化問題』筑摩書房.
Barker, Nicola　2013　*Not the Marring Kind: A Feminist Critique of Same-sex Marriage*, Palgrave Macmillan.
Best, Joel 2008　*Social Problems*, Norton.
Butler, Judith　2004　*Undoing Gender*, Routledge.
Deleuze, G. and Guattari, F.　1972　*L'Anti-Oedipe*, Minuit, =二〇〇六 宇野邦一訳『アンチ・オイディプス』河出書房新社.
Friedman, Lauri S.　2010　*Gay Marriage*, Gale.
Harris, Scott　2010　*What Is Constructionism? Navigating Its Use in Sociology*, Lynne Rienner.
橋本秀雄　二〇〇〇　『性のグラデーション』青弓社.
橋爪大三郎　二〇〇四　『言語／性／権力』春秋社.
LeVay, Simon　1996　*Queer Science: The Use and Abuse of Research into Homosexuality*, MIT Press. =二〇〇二 伏見憲明・玉野真路・岡田太郎訳『クィア・サイエンス』勁草書房.
Loseke, Donileen　2003　Thinking about Social Problems: An Introduction to Constructionist Perspectives, Aldine Transaction.
中河伸俊　一九九九　『社会問題の社会学』世界思想社.
Ridley, Matt　2003　*Nature Via Nurture*, Felicity Brian LCD. =二〇一四 中村桂子・斎藤隆英訳『やわらかな遺伝子』早川書房.
Seidman, Steven　2003　*The Social Construction of Sexuality*, W.W. Norton & Company.
Spector, M. & Kitsuse, J.I.　1977　*Constructing Social Problems*, Cummings. =一九九〇 中河伸俊他訳『社会問題の構築――

32　もっとも、そうした政策が採用されたからといって、出生率が高まるとはかぎらないが。

ラベリング理論をこえて』マルジュ社.
Sullivan, Andrew 1995 *Virtually Normal: An Argument about Homosexuality*, Knopf. =二〇一五 本山哲人・脇田玲子監訳『同性愛と同性婚の政治学——ノーマルの虚像』明石書店.
West, C. & Zimmerman, D.H. 1987 "Doing Gender", *Gender & Society*, 1: 125 – 151.
Weeks, Jeffrey 1989 *Sexuality* (1st Ediion), Routledge. =一九九六 上野千鶴子監訳『セクシュアリティ』河出書房新社.
——— 2010 *Sexuality* (3rd Edition), Routledge.
——— 2007 *The World We Have Won*, Routledge. =二〇一五 赤川学監訳『われら勝ち得し世界』弘文堂.
Weeks, J., Heaphy, B. & Donovan, C. 2001 *Same Sex Intimacies: Families of Choice and Other Life Experiments*, Routledge.
山下祐介 二〇一四 『地域消滅の罠』ちくま新書.

あとがき

本書は、筆者が二〇一七年二月に公刊した『これが答えだ！ 少子化問題』（ちくま新書）の続編、あるいはスピン・オフというべき書物である。

筆者はこれまで七冊の単著を公刊してきたが、多くの場合、一作書き終えると精力を使い果たしてしまい、同じテーマで続けざまにもう一冊書くことに困難を感じていた。単純に、一仕事終えたあとに少し「寝かせる」時間が必要ということもあるし、しばらく手がけられなかった別のテーマに関心が向かってしまうこともあった。同じテーマで続けて単著を上梓することは、筆者にとっては新たな挑戦であった。

それでもなんとか書き終えられたのは、二つの理由がある。

ひとつは、少子化問題そのものが、筆者にとってまだまだ解かれざる「謎」として眼前にあるからである。少子化が生起するメカニズムについては、前著でも高田保馬の少子化論を現代に蘇らせることによって、ある程度までは解明しえたと思っている。しかしたとえば、「女性が下降婚を忌避する傾向に生物学的基盤はあるのだろうか」とか、「少子化対策が（奏功しないことは目に見えているにもかかわらず）なぜ一定の方向にバイアスがかかった形でしか実行されないのか」といった問いは、いまだ未解明のままであった。それら残された謎に取り組む知的興奮が、本書をなんとか書き終えられた理由の一つである。

ふたつには、弘文堂編集部・中村憲生さんの、相も変わらぬ粘り強い原稿催促のおかげである。元来遅筆をモットーとする筆者が、二〇一二年に単著『社会問題の社会学』を、二〇一五年にジェフリー・ウィークスの『われら勝ち得し世界』の翻訳を当社から刊行することができたのは、いうまでもなく中村さんのご尽力あってのことである。弘文堂が長らく社会学の良質な部分を世に問い続けてきたのには、編集者としての中村さんのご尽力あってこそである。筆者にとっても、伝統ある弘文堂から書籍を出版するのは、若い頃からの夢の一つであった。改めて中村さんに感謝の意を表したい。

なお本書の初出一覧は以下の通りである。第4章、第5章は社会学における構築主義の理論と方法について検討することが主眼となっているが、この中で日本の少子化問題、少子化対策について言及している。快く転載を許可してくださった東京大学出版会、社会学評論編集委員会、社会学理論学会編集委員会の皆さまにもお礼を申し上げたい。

第1章　書き下ろし
第2章　書き下ろし
第3章「誰がどのような少子化対策を支持するのか」武川正吾・白波瀬佐和子編『格差社会の福祉と意識』東京大学出版会、二〇一二。
第4章「社会問題の歴史社会学をめざして」『社会学評論』六八巻一号、二〇一七年：一一八－一三三。
第5章「構築された性から構築する性へ――ジェフリー・ウィークスの理論的変容を通して」『現代社会学理論研究』一一号、二〇一七年：四－一三。

二〇一七年一一月

【著者紹介】

赤川 学（あかがわ まなぶ）

1967年生まれ。東京大学大学院人文社会系研究科修了・博士（社会学）。現在、東京大学大学院人文社会系研究科准教授。社会問題の社会学、セクシュアリティ研究。

主著：『セクシュアリティの歴史社会学』（勁草書房、1999）、『子どもが減って何が悪いか！』（ちくま新書、2004年）、『社会問題の社会学』（弘文堂、2013）、『明治の「性典」を作った男 謎の医学者・千葉繁を追う』〈筑摩書房、2014〉、『これが答えだ！少子化問題』（ちくま新書、2017）。

訳書：ジェフリー・ウィークス『われら勝ち得し世界――セクシュアリティの歴史と親密性の倫理』（監訳　弘文堂、2015）。

少子化問題の社会学

2018（平成30）年2月28日　初版1刷発行

著　者　赤 川　学

発行者　鯉 渕　友 南

発行所　株式会社　弘 文 堂　101-0062 東京都千代田区神田駿河台1の7
TEL 03(3294)4801　振替 00120-6-53909
http://www.koubundou.co.jp

装　丁　笠 井 亞 子

組　版　スタジオトラミーケ

印　刷　大 盛 印 刷

製　本　牧製本印刷

ISBN978-4-335-55190-1